ROSA ANANITSCHEV

In der sibirischen Kälte

Karina Publishing
Vienna

Bibliografische Information der Nationalbibliotheken:
Die Deutsche Nationalbibliothek verzeichnet diese Publikation in der Deutschen Nationalbibliografie; detaillierte bibliografische Daten sind im Internet über http://dnb.dnb.de abrufbar.
Die Österreichische Nationalbibliothek verzeichnet diese Publikation in der Österreichischen Nationalbibliothek.

Impressum:
1. Auflage 2016
Karina-Verlag, Vienna
http://www.karinaverlag.at/
karina.bookoffice@gmail.com

Bearbeitung, Layout, Design: Renate Zawrel
Lektorat: Barbara Siwik
Korrektorat: Renate Zawrel
Herausgeberinnen: Renate Zawrel / Karin Pfolz

ISBN 978-3-903056-85-5

Rosa Ananitschev

In der sibirischen Kälte

Autobiografisches

Inhaltsverzeichnis

VORWORT

Was brachte mich dazu, dieses Buch zu schreiben?

Was wollte ich damit erreichen?

Wen interessiert schon meine Vergangenheit?

Als ich vor ein paar Jahren im Internet auf eine Autoren-Gruppe stieß, die sich mit biografischen und autobiografischen Geschichten beschäftigte, war ich anfangs skeptisch, was den Nutzen derartiger Memoiren betraf, aber auch neugierig.

Nur sehr vorsichtig versuchte ich, selbst etwas aus meinem Leben preiszugeben.

Ich merkte schnell – es war mit einem guten, einem befreienden Gefühl verbunden.

Nach und nach entstanden auf diese Weise mehrere Geschichten. Ich erzählte über meine Kindheit und Jugend in einem kleinen sibirischen Dorf, darüber, warum ich mit meiner Familie nach Deutschland kam, über den Neuanfang im unbekannten Land und warum mein Leben scheinbar plötzlich eine unerwartete Wendung nahm, so dass wiederum eine tiefgreifende Veränderung unumgänglich wurde.

Nein, meine Geschichten umfassen nicht all die Jahre, die in der Vergangenheit liegen, sondern nur kleine Teile davon. Es sind Erlebnisse, die mir besonders gut in Erinnerung geblieben sind – schöne und glückliche, traurige und tragische oder auch solche, die erst im reifen Alter aus der Tiefe aufstiegen und die Geschehnisse meines Lebens in ganz anderem Licht erscheinen ließen. Mein Unterbewusstsein begann sie bruchstückweise freizugeben.

Ich erkannte, warum ich schon als Kind depressiv war, verstand viele meiner Emotionen, die mir das Leben so schwer machten.

Meine erste Reaktion darauf war: Das darf niemals jemand erfahren!

Doch bald schon wurde mir klar – das ist der falsche Weg.

Ich erkannte, dass die kleine Rosa von einst ein Verschweigen nicht verdient hatte, sondern vielmehr die Wahrheit und uneingeschränkte Anerkennung dafür, dass sie trotz allem, was ihr widerfahren war, die Willenskraft besaß, ihren Weg zu gehen.

Eins ist sicher: Das, worauf es im Leben wirklich ankommt, hat sie richtig gemacht – bis zum heutigen Tag.

Das wollte ich durch meine Geschichten mitteilen – nicht mehr und nicht weniger.

Wer an ihnen interessiert ist, dem bleibt nur eins – das Buch zu öffnen und sich auf das Kind einzulassen, das auf dem Cover zu sehen ist.

Ja, es könnte die kleine Rosa von damals sein. Zwar hätte sie von so herrlicher Winterkleidung nicht einmal zu träumen gewagt, aber ihrem Wesen nach ist sie es. Hin und wieder vergaß sie nämlich alles Schwere um sich und in sich, tobte und wirbelte im Schnee umher und fühlte sich leicht und frei – ganz in ihrem Element, ganz in ihrem Universum.

Für dieses wunderbare Cover spreche ich *Detlef Klewer* großen Dank aus. Er hat damit den Tenor des Buches getroffen.

Ebenso herzlich danke ich *Barbara Siwik* für das Lektorat und ihre wertvollen Hinweise, *Renate Zawrel* und *Karina Pfolz* dafür, dass sie mir dieses Buch letztendlich ermöglicht haben.

Rosa Ananitschev

Wer hätte das gedacht?

Mein erstes Buch bekam ich, als ich fünf Jahre alt war. Aus welchem Grund auch immer, in unserem Dorfladen gab es eines Tages Bilderbücher zu kaufen und Vater brachte mir eins mit. Es war „Das Märchen vom Fischer und dem Fischlein“ in Gedichtform von Alexander S. Puschkin und es war Liebe auf den ersten Blick: Die Liebe zum Buch, zum gedruckten Wort, zu einer fantastischen Welt, die mit diesen Worten so wunderbar beschrieben werden konnte, eine Liebe, die bis heute allen Widrigkeiten standgehalten hat.

Ich war von dem dünnen Heft mit den bunten Bildern überwältigt. Am Abend las Vater mir das Märchen vor, ebenso am nächsten. Auch am übernächsten wollte ich es unbedingt wieder hören. Bald lernte ich es auswendig, und es dauerte auch nicht allzu lange, bis ich mein geliebtes Buch selbst lesen konnte.

Was ist denn daran so besonders, einem Kind ein Märchen vorzulesen, könnte man fragen. Es gibt doch reichlich Kinderbücher – zu jedem Thema, für jedes Alter. Ja, das stimmt, aber man bedenke – dies geschah Ende der 50er Jahre in Russland und ich wuchs in einer streng baptistischen deutschen Familie in einem Dorf in Sibirien auf, wo außer Bibeln und religiösen Schriftstücken kaum andere Bücher geduldet wurden.

Die heiligen Schriften füllten unser Haus, denn neben

seiner Arbeit im Kolchos (er war zuständig für das Separieren der Milch, dazu kamen natürlich noch die Feldarbeiten) restaurierte mein Vater in der Freizeit für die Gemeinde-Mitglieder – auch die der umliegenden Dörfer – die alten abgewetzten Bibeln und Liederbücher. Die deutschen Gläubigen in Russland hatten keine Möglichkeiten, neue Bibeln legal zu kaufen. In diesem atheistischen Land wurden sie nicht einmal in russischer Sprache gedruckt, geschweige denn in einer anderen. Manchmal wurden sie aus dem Ausland heimlich eingeführt, aber die meisten in Altdeutsch gedruckten Bibeln waren von den Siedlern aus ihrer alten Heimat mitgebracht worden. Sie stammten aus dem 18. oder 19. Jahrhundert und wurden von Generation zu Generation weitergegeben. Mit der Zeit lösten sie sich unweigerlich auf. Wenn eine Bibel den Zustand erreicht hatte, in dem sie nicht mehr benutzt werden konnte, dann trat der Hobby-Buchbinder Jakob Schütz in Aktion.

Ich sah Vater gern zu, wie er liebevoll die dünnen, fast durchsichtigen, oft zerrissenen und ausgefransten Blätter reparierte, einen frischen, mit schwarzem Leder bezogenen Deckel herstellte, den Buchblock neu vernähte. Er verwendete dafür ein von ihm selbst konstruiertes spezielles Gerät. Der Schnitt wurde mit einem scharfen Messer nachgezogen und bekam noch einen feierlichen roten Anstrich. Zum Schluss wurde der Block eingebunden, sorgfältig verklebt und der fertige Band unter die Presse gelegt. Vom Ergebnis seiner Arbeit war ich immer schwer beeindruckt – das Buch sah wie neu aus und roch angenehm nach Leder und Farbe. Ein Manko wies es jedoch auf – Deckel und Rücken hatten keine eingeprägte Aufschrift wie sonst üblich, denn so etwas war mit einfachen Mitteln nicht zu bewerkstelligen.

Ich würde lügen, wenn ich behauptete, dass ich die Bibelgeschichten nicht mochte, die Vater uns Kindern oft vorgelesen oder erzählt hatte. Aber für mich assoziierten sie sich auch noch mit allerlei Verboten, mit Leiden – und davon hatte ich in meinem kleinen Leben genug. Ich war ein stilles, ängstliches und trauriges Kind. Wenn ich heute mit den Augen eines Erwachsenen in die Vergangenheit blicke, weiß ich, warum dies so war, und das kleine Mädchen von damals tut mir unendlich leid. Es ist ein irrationales Gefühl – dieses Mädchen gibt es längst nicht mehr, es ist eine Frau geworden, die ihren Weg gegangen ist, die eigentlich immer erreichte, was sie erreichen wollte. Dennoch schmerzt mein Herz in Erinnerung an das, was war, und es kommt mir vor, als ob es vorgestern gewesen sei.

Heutzutage ist es kein Geheimnis, dass auch Kinder depressiv sein können. Damals in Russland ahnte gewiss niemand so etwas. Aber ich denke, es ist das Schlimmste, das einem Kind widerfahren kann – sich des Lebens nicht freuen zu können, sondern den Wunsch zu haben, irgendwie irgendwohin daraus zu verschwinden.

Ich hatte natürlich keine Ahnung, dass meine ständige Niedergeschlagenheit, meine nagende Sehnsucht nach irgendetwas, das ich nicht definieren konnte, die Symptome einer Krankheit waren. Vielmehr war ich überzeugt, dass sich an meinem Zustand nichts ändern ließ: So war ich eben. Nicht einmal meine Eltern merkten, dass eine ihrer Töchter innerlich litt und hätten sie es bemerkt, hätten sie die Krankheit nicht benennen können.

Manchmal dachte ich: 'Wenn ich so bin, dann müssen sich doch alle Kinder so fühlen', und es wunderte mich, dass ich dies nie an ihrem Verhalten, an ihren Gesichtern ablesen konnte.

Vielleicht stammte von daher meine Abneigung gegen die Bibel, gegen den Glauben? Gott konnte mir nicht helfen, dessen war ich mir sicher, und die in seinem Namen ausgesprochenen Verbote machten mein Leben noch trister. Ich durfte nicht ins Kino, durfte nicht tanzen gehen, ich durfte mich nicht nach der Mode kleiden und schon gar nicht durfte ich Hosen tragen, nur Röcke und Kleider, die unbedingt die Knie bedecken sollten.

Ich durfte dies nicht, ich durfte das nicht ... und ich musste regelmäßig zum Gottesdienst ... und ich weigerte mich immer wieder ...

Meine Mutter weinte, mein Vater wurde laut, aber ich blieb unbeugsam, und irgendwann ließen sie mich in Ruhe. Der kleine Widder in mir gewann! Schon damals konnte man ihn schlecht zu irgendetwas zwingen.

Nun aber zurück zum Fischer und dem Fischlein. Ich weiß bis heute nicht, warum Vater auf die Idee kam, mir so ein Geschenk zu machen. Er ahnte nicht, was er damit angerichtet hatte! Es war der erste, von ihm selbst gelegte ‚Pflasterstein' auf dem Weg weit fort aus der Bibelwelt, etwas, das er mit Sicherheit nicht hatte erreichen wollen. Andererseits – gewiss hätte ich früher oder später diesen Weg ohnehin eingeschlagen.

Auch wenn meine Eltern mir aus freien Stücken kein Buch dieser Art mehr schenkten, mussten sie mir bald andere kaufen, ob sie wollten oder nicht, denn die Schulpflicht war nicht zu umgehen.

Was war das für eine Pracht – meine ersten Schulbücher! So schön neu und dick und bunt – noch viel besser als das dünne Heft mit dem Puschkin-Märchen. Schon lange vor dem 1. September hatte ich sie alle durchgelesen, mehrmals sogar, samt „Arithmetika".

Die 1. Klasse kam mir dann ein bisschen langweilig vor, aber nur ein klitzekleines bisschen – ich ging immer sehr gern zur Schule. Das war für mich eine ganz andere Welt, in der ich mich viel wohler fühlte als zu Hause. Nicht zuletzt, weil ich da die Möglichkeit hatte, neuen Lesestoff zu bekommen. Obwohl man die spärliche Büchersammlung kaum als Bibliothek bezeichnen konnte, gab es in der Grundschule jede Woche einen Büchertausch – und natürlich war die kleine Rosa die eifrigste Leserin. Es war wie Eintauchen in ein fremdes, aufregendes Leben und ich vergaß dabei mein eigenes.

In der 3. Klasse schrieb ich meinen ersten Aufsatz, der mit einer fetten roten 5 bewertet wurde (die beste Note in Russland). Ich weiß noch – es ging um Berufe und ich erzählte über meine Schwester Ida, die gerade ihre ersten Erfahrungen im Erwachsenenleben machte. Die Lehrerin fand meinen Text so außergewöhnlich, dass sie ihn vor der ganzen Klasse vorlas. So entdeckte ich schon ganz früh, wie viel Spaß das Schreiben machte. In all den Schuljahren, die folgten, bekam ich in Literatur und Russisch immer nur die Note ‚Ausgezeichnet'.

Bei uns im Dorf gab es nur die Grundschule. Nach der vierten Klasse besuchten alle die Schule im Nachbardorf Heimtal (so hieß das Dorf vor der Revolution, danach wurde der Name einfach ins Russische übersetzt: Rodnaja Dolina), fünf Kilometer von daheim entfernt. In der Herbst- und Frühlingszeit war der Fußmarsch hin und zurück angesagt. Beneidet wurden dann diejenigen, die ein Fahrrad hatten. Einige Familien besaßen einen PKW oder Motorräder und wenn die Väter gerade Zeit erübrigen konnten, brachten sie ihre Kinder zur Schule oder holten sie ab. Im Winter wurde vom Kolchos für die Schüler eine Art Schulbus zur Verfügung gestellt – ein Lastwagen mit Plane. Die Plane hatte an den Seiten kleine Glasscheiben, die Ladefläche war mit Bänken ausgestattet.

In Heimtal gab es eine richtige Dorfbücherei, die ich natürlich so oft wie möglich besuchte. In dieser Zeit entdeckte ich für mich den Dichter Michail Lermontow. Ich war fasziniert von seinen Gedichten und besonders von dem Poem „Mcyri" (Der Novize). Ich hätte damals so gern ein eigenes Exemplar von „Mcyri" gehabt, um das Poem immer wieder lesen zu können, aber ich musste mich damit begnügen, die Verse in ein Heft abzuschreiben. Es klingt vermutlich lachhaft, aber so bescheiden verlief mein Leben nun mal vor vielen Jahren. Heute noch kann ich mir fast alle Strophen dieser poetischen Erzählung ins Gedächtnis rufen. Ich habe „Mcyri“ auch in Deutsch gelesen, aber mit dem Original kann sich die Übersetzung nicht messen.

Ich fühlte mich seelenverwandt mit Mcyri. Seine Qual war auch meine Qual, seine Sehnsucht auch die meine, denn wie er empfand ich mein Leben oft als Gefängnis.

Nun ja, die Zeit blieb nicht stehen. Ich musste erneut die Schule wechseln, da es in Heimtal nur acht Klassen gab. Die letzten zwei Jahre ging ich im Kreisstädtchen Moskalenki zur Schule. Der Ort war zwölf Kilometer von Schönfeld (russischer Name „Dobroje Pole“), meinem Heimatdorf, entfernt. Ein Klacks, würde man heute sagen, aber nicht für damalige Verhältnisse. Es gab keine regelmäßigen Busverbindungen und jeden Tag den Weg hin und zurück zu Fuß zu bewältigen war unmöglich. Wie schon oben erwähnt, besaßen nur wenige Familien ein Auto. Und selbst wenn sie es besaßen, hatten sie keine Zeit, zweimal täglich diese Strecke zurückzulegen. Deshalb mussten sie für ihre Kinder ein Quartier vor Ort besorgen. Für mich war das kein Problem, denn meine Schwester Aneta bewohnte in dem Städtchen mit ihrem kleinen Sohn ein Häuschen und nahm vier Mädchen auf – unsere Cousine, meine beste Freundin Frida, deren Schwester und mich.

Es war eine schöne Zeit. Zu sechst in nur zwei Räumen – Wohn/Schlafzimmer (mit Feldbetten, versteht sich) und Küche – waren wir eine eng verbundene Gemeinschaft.

Die Depression hatte mich verlassen. Sie war in der Nähe, ich spürte ihre dunkle Anwesenheit, ihren Schatten, aber sie war nicht mehr in mir, beherrschte nicht mehr meine Seele, meine Gedanken. Sie beobachtete mich nur – aus der Ferne. Irgendwann würde sie zurückkehren und erneut mit voller Wucht zuschlagen ... aber das ist eine ganz andere Geschichte.

Vorerst genoss ich meine Freiheit, die vielen Bücher, die ich lesen konnte. Die Kontrolle der Eltern fiel ja weg. Endlich durfte ich auch die Erwachsenen-Romane in der Stadtbibliothek ausleihen. Ich las vor allem Klassiker, denn in der Zeit der fast totalen Zensur war es für die zeitgenössischen sowjetischen Schriftsteller nicht leicht durchzustarten. Dennoch gab es einige gute Autoren, die sehr populär waren. Auch nach Science-Fiction griff ich gierig. Vielleicht weil darin meist nicht die Gegenwart, sondern die Zukunft beschrieben war?

Was meine eigenen Zukunftspläne betraf, so war mir klar, dass ich auf Grund der politischen Gegebenheiten mit meiner schriftstellerischen Begabung nicht viel werde anfangen können, obwohl ich auch in der neuen Schule die Beste im Schreiben war. Vielleicht ist es aber auch gut, dass ich es gar nicht erst versuchte. Dafür wurde aus mir eine echte Bibliothekarin, die ihren Beruf sehr gern ausübt.

Ich heiratete früh. Schon mit achtzehn bekam ich meinen ersten Sohn, dennoch schaffte ich die Fernausbildung als Bibliothekarin mittlerer Qualifikation (in Deutschland als Assistentin an Bibliotheken anerkannt).

Mit meinem Mann und dem kleinen Aljoscha (Alexej) zog ich in die Millionenstadt Omsk. Dort arbeitete ich achtzehn Jahre in wissenschaftlichen Bibliotheken – zuerst im polytechnischen Institut und dann in der Staatlichen Universität – eine lange Zeit, die zu beschreiben auf ein paar Seiten nicht möglich ist.

Heute empfinde ich diesen Lebensabschnitt als einen ständigen Kampf mit allem Möglichen – mit den Krankheiten der Kinder, eigenen psychischen Problemen, Problemen des Alltags. Aber für das Lesen eines Buches blieb immer Zeit, wenn auch nur für ein paar Zeilen zwischendurch oder für ein Kapitel vor dem Schlafengehen.

Allmählich bekamen wir auch Zugang zu den Übersetzungen der zeitgenössischen amerikanischen Autoren. Unter den ersten dieser Schriftsteller waren Stephen King und Arthur Hailey.

Von Stephen Kings Romanen war ich sofort angetan. Mich reizte in seinen Büchern die spannende Mischung aus Fantasy, Science-Fiction, Horror und dennoch viel Menschlichem. Auch heute noch freue ich mich immer auf seine Neuerscheinungen.

„Airport“ von Hailey ... Die ersten Bilder der realen kapitalistischen Welt. Wie es schien, war sie gar nicht so böse und ungerecht, wie es den sowjetischen Bürgern immer vor Augen geführt wurde, sondern gerechter und humaner als der Sozialismus.

In der Bevölkerung kursierten auch einige verbotene Bücher, wie zum Beispiel „Archipel Gulag“ von Solschenizyn. Gedruckt wurde so etwas im Ausland, und auf welchen Wegen die Bücher dann nach Russland gelangten, blieb mir stets ein Rätsel.

Es nahte die Zeit der aufregenden politischen Veränderungen, die Perestroika war nicht mehr aufzuhalten. In den Geschäften fehlte es an allem, aber nicht das war das Schlimmste. Das gesamte Ausmaß der Grausamkeiten und Verbrechen unter Stalin trat zutage – und erschütterte die Menschen. Die Schlangen morgens an den Zeitungskiosken ... sie waren fast ebenso lang, wie vor den Lebensmittelläden. Die Menschen ... sie hungerten nach Informationen, nach der Wahrheit.

Endlich erfuhr auch meine Familie, was mit Großvater und Onkel geschehen war, die 1937 nachts vom NKWD verhaftet und fortgebracht wurden und die nie mehr zurückkehrten. Aber auch das ist wieder eine ganz andere Geschichte.

Uns stand die Reise nach Deutschland bevor, eine Reise ohne Rückticket. Die ersten Wochen und Monate im fremden Land – keine einfache Zeit, denn alles musste neu erlernt werden, im wahrsten Sinne des Wortes.

Warum überhaupt dieser Schritt, warum wollten wir Russland verlassen? In wenigen Worten zusammengefasst – mein Mann und ich wollten eine bessere Zukunft für unsere Kinder. Unser ältester Sohn sollte im Herbst einberufen werden – das konnten wir auf keinen Fall zulassen. In der Armee wäre er zugrunde gegangen. Der Jüngste litt an schwerem Asthma. Auch sehnte ich mich nach einem Leben unter Menschen, die Deutsch sprechen. Mein Unterbewusstsein sagte mir, dass ich hierher gehörte, dass Deutschland meine wahre Heimat sei. Wie schwer der Anfang auch war, ich habe es keine Minute bereut, diese Veränderung gewagt zu haben, keine einzige.

Nur eins bedauere ich zutiefst – vor der Ausreise verbrannte ich alle meine Tagebücher, die ich als Jugendliche geführt hatte. Dumm, sehr dumm von mir. Ich kann mir selbst nicht erklären, was mich dazu bewog, aber es ist nicht rückgängig zu machen.

Bemerkenswert: Im Sprachkurs, den ich als Aussiedlerin 1993 absolvierte, wiederholte sich die Geschichte aus meiner Grundschulzeit, als ich den ersten Aufsatz schrieb. Meine Leidenschaft für das Schreiben, die bis dahin vor sich hin schlummerte, erwachte wieder zum Leben. Ich war selbst überrascht, dass ich mich schriftlich auch in Deutsch gut ausdrücken konnte.

Der Sprachlehrerin fielen meine schriftlichen Arbeiten auf. Sie ermutigte mich, einen Schreibkurs zu besuchen und so nahm ich einige Semester lang an der Schreibwerkstatt der VHS teil. Es war für mich eine sehr gute Erfahrung.

Was mich jedoch häufig im Schreiben hemmte: Hin und wieder sollten die Kurs-Teilnehmer bereits in der laufenden Stunde einen Text zu einem vorgegebenen Thema verfassen. Für mich wurde das ein Problem, weil ich etwas mehr Zeit zum Nachdenken, zum Formulieren, zum Gestalten brauchte. Unter Druck schaffte ich das nicht. Irgendwann gab ich das Schreiben deshalb auf und wieder vergingen einige Jahre. Ich rechnete nicht damit, dass die Schreiblust mich je wieder ergreifen werde.

Was mein Berufsleben anging, so war ich in Deutschland lange Zeit als Putzfrau beschäftigt (leider das Schicksal der meisten Aussiedlerinnen). Es ist wohl gut nachzuvollziehen, dass es in dieser Hinsicht meine schlimmsten Jahre waren, nicht, weil ich solche Arbeit erniedrigend oder minderwertig fand – auch sie muss ja getan werden – es war einfach nicht *mein Ding*, nicht meine Berufung. Bücher waren und sind ein wichtiger Teil meines Lebens und die Bibliothek ist mein Reich, meine Welt.

Während dieser Jahre als Putzfrau besuchte ich nicht ein einziges Mal eine Bibliothek, weil ich das Gefühl kaum ertragen hätte, nicht dazu zu gehören. Ich hatte Angst, den vertrauten Geruch nach altem Papier, nach neuen Büchern einzuatmen, Angst, dass meine Sehnsucht nach dieser verlorenen Welt noch stärker würde.

Aber dann hatte ich Glück – ich bekam eine befristete Aushilfsstelle in einer kleinen Stadtbücherei. Nebenbei übernahm ich Übersetzungen für die Stadtverwaltung (zahlreiche Briefe ehemaliger russischer Kriegsgefangener) – eine interessante und anspruchsvolle Aufgabe. Ich erhielt ein sehr gutes Arbeitszeugnis und als Ende 1999 in einer anderen Stadtbücherei gleich zwei Assistentenstellen ausgeschrieben wurden, ergab es sich, dass ich eine Vollzeitstelle erhielt. Den denkwürdigen Anruf Anfang Februar 2000 mit eben dieser Nachricht habe ich heute noch klar in Erinnerung – es war das schönste Telefongespräch meines Lebens.

Es kam noch besser – ich durfte (und darf es immer

noch) neben dem Verbuchungs-, Beratungs- und Infodienst die Aufgaben in der Katalogisierung übernehmen. Das war auch in Russland mein Metier, nur ging ich damals, im Gegensatz zu den heutigen elektronischen Datensätzen, noch mit Katalog- und Karteikarten um.

2010 geschah etwas ganz Besonderes, etwas, womit ich nicht mehr gerechnet hätte! An einem dienstfreien Samstag – genaugenommen war es der 4. Dezember – machte ich mich gleich nach dem Frühstück auf die Suche nach günstigen Downloads für meinen neuen eBook-Reader. Schon nach kurzer Zeit stieß ich im Internet auf eine ‚Goldgrube' mit dem Namen BookRix. Erfreut stellte ich fest, dass ich dort eBooks nicht nur kostenfrei lesen konnte, sondern sogar die Möglichkeit hatte, selbst welche zu erstellen. Da war es wieder, das wunderbare Gefühl, einen Schatz entdeckt zu haben – fast wie damals, als ich, fünfjährig, zum ersten Mal ein Buch geöffnet hatte. Ohne lange zu überlegen, ohne auch nur zu zögern, meldete ich mich an, erstellte ein Profil unter dem Usernamen *anarosa* und begann zu schreiben.

Es lief wunderbar und nach etwa einer Stunde lud ich mein erstes eigenes eBook hoch. Es war nur ein kleines Gedicht mit dem Titel „Unsicher?", aber ich war unheimlich stolz auf mich selbst.

Meine Lebensgeschichte neigt sich ihrem vorläufigen Ende zu. Wer hätte gedacht, dass ich sie jemals zu Papier bringen und sogar ins Internet stellen würde? Aber es ist Tatsache, es ist Wirklichkeit – ich setze zufrieden einen Punkt unter diese Erzählung und vermutlich reift in meinen Gedanken – mir noch unbewusst – auch schon die nächste.

Juli 2011

Momentaufnahmen

Auf der Suche nach dem Auslöser einiger meiner seltsamen Eigenschaften und Empfindungen ‚reise' ich in den letzten Jahren oft in die Zeit zurück. Ich taste mich in der Dunkelheit durch verschiedene Räume meines Gedächtnisses, schaue in jeden Winkel, den ich erreichen kann und suche nach verborgenen Erinnerungen. Dabei ist mir aufgefallen, dass mein inneres Auge stets eine konkrete Zeitspanne erfasst – die Jahre von 1958 bis 1961, das Alter zwischen vier und sieben. Es sind nur einzelne Episoden, die ich sehe, als öffne sich ein Fenster und schlösse sich nach einer Weile wieder. Diese kurzen Einblicke sind wie Momentaufnahmen – Momentaufnahmen einer längst vergangenen Zeit.

Die Wölfe

Mein Blick zurück reicht bis zu einem gewissen Moment, und ich bin mir fast sicher – dies ist meine allererste Kindheitserinnerung: Ich befinde mich in einem dunklen Zimmer. Aus der offenen Tür dringt spärliches Licht ein, das alles schattenartig aussehen lässt. Ich liege in der Wiege. Sie schaukelt hin und her und immer wieder taucht in meinem Blickfeld die Wand mit einem großen Ölgemälde auf, das einen Fluss und ein kleines Mädchen am Ufer darstellt. (Es wurde von wandernden Künstlern auf Leinen angefertigt – das erfuhr ich natürlich viel später – und diente als Wandteppich). An der Wand steht das Bett meiner Eltern. Ob jemand darin liegt, weiß ich nicht, erkenne aber in den Wölbungen auf der Decke mehrere graue Wölfe. Ich habe Angst, dass sie gleich auf mich zukommen und mich auffressen werden, und lasse sie nicht aus den Augen. Ich bin so sehr auf die Wölfe fixiert, dass es mir völlig entgeht, von wem ich gewippt werde, wer an meiner Wiege sitzt.

Dieses innere Bild entstand in dem alten Lehmhaus, in dem ich 1954 geboren wurde und die ersten sieben Lebensjahre verbrachte. Elektrizität gab es im Dorf (und somit auch in unserem Haus) erst 1958.

Das Haus verfügte über zwei Zimmer und eine Küche. Die Küche hatte keinen Belag. Der Fußboden bestand aus fester Erde, die meine Mutter einmal in der Woche mit einem lehmigen Gemisch, dessen Bestandteil auch Kuhmist war, glättete. Danach roch es wieder frisch nach Erde und Heu. Ja, auch wenn es unglaublich klingt – so war es wirklich und der Geruch war sogar ziemlich angenehm.

In den zwei Zimmern befanden sich Schlafplätze für zeitweise acht Personen. (Als ich zur Welt kam, war meine älteste Schwester schon verheiratet und aus dem Haus – insgesamt waren wir sieben Kinder – 1957 kam noch Erna hinzu). Jedes Kind verbrachte die ersten zwei, drei Jahre in einer Wiege, die noch der Stiefvater meines Vaters gezimmert hatte. Daraus schließe ich, dass diese Erinnerung aus der Zeit stammt, in der ich höchstens drei Jahren alt war und vermutlich zum Schlafen in die Wiege gelegt wurde.

Es tut weh

Es ist ein grauer Morgen. Meine Mutter hält mich auf dem Arm. Sie hat mich gerade hochgehoben und mir ist bewusst, dass ich ins Bett gemacht habe. Ich schäme mich, weil ich doch schon so groß bin – (wie groß?). Es geht mir sehr schlecht, aber nicht wegen des Einnässens, sondern aus einem anderen Grund: Ich will nichts. Ich will absolut nichts. Ich will nichts denken, nichts fühlen, weil das Denken und Fühlen so weh tut. Ich will nicht da sein.

Aus heutiger Sicht kann ich erklären, was mit mir los war – ich war depressiv, ich wollte nicht leben. Hatte ich geweint? ...

Ich erinnere mich sehr klar an den nassen Busch draußen, dicht vor den Fensterscheiben, an die Regentropfen auf den grünen Blättern, an die bunte Raupe, die bewegungslos auf einem Zweig hing ...

Auch das tat unendlich weh.

Das weiße Kopftuch

Ich bin vielleicht fünf Jahre alt. Ich träume, dass ich meine Mutter überall suche. Ich vermisse sie so sehr. Dann die Erleichterung – da ist sie. Ich sehe sie, laufe ihr hinterher, aber ich kann sie nicht einholen. Zu meinem Schrecken entfernt sie sich immer mehr, immer schneller, bis ich nur noch ihr weißes Kopftuch in der Ferne erkenne ...

Dann wache ich auf und stelle fest, dass ich auf einen kleinen weißen Farbklecks an der Wand starre.

Geborgenheit

Eine andere Erinnerung: Ich liege im Bett im Arm meiner Schwester Aneta, spüre ihre Wärme, atme ihren Körpergeruch ein. Er ist angenehm. Ich fühle mich gut, geborgen, in Sicherheit.

Als kleines Kind baute ich mir oft eine Höhle unter der Bettdecke, mit einer kleinen Öffnung nach draußen, so dass nur wenig Licht hereinkam. Dann ‚machte' ich mich ganz klein, ungefähr so klein wie ein Däumling. Ich suchte mir eine verborgene Kuhle zwischen den weichen, in der Decke entstandenen ‚Hügeln' aus, ‚lief' dahin (zum ‚Laufen' benutzte ich den Zeige- und den Mittelfinger) und ‚kuschelte' mich hinein. Ich war überzeugt – so würde mich keiner finden …

Es war ein warmes, beruhigendes, tröstliches Gefühl. Es war eine Erleichterung, eine Befreiung. Sogar jetzt noch, wenn es mir ganz schlecht geht, rufe ich diese Erinnerung auf und fühle mich seltsamerweise besser.

Die Bösewichte

Ich bin allein zu Hause (warum?). Es ist totenstill in den Räumen und die Dämmerung setzt langsam ein. Bald wird es ganz dunkel sein. Wo sind Mama und Papa? Vielleicht bei den Großeltern am anderen Ende des Dorfes? Ich halte es nicht mehr aus, ich fürchte mich so sehr. Angsterfüllt, weinend mache ich mich auf die Suche nach Vater und Mutter.

Auf der Straße fühle ich mich etwas entspannter, aber dann … dann sehe ich sie – die Bösewichte, die zwei Jahre älteren Zwillinge R. und E.

Sie hängen in den Ästen eines Ahornbaumes, johlen und pfeifen, als sie mich sehen und sind begeistert, dass sie jemanden zum Ärgern haben, denn sie wissen, dass ich schüchtern und ängstlich bin.

Ich kann heute nicht mehr sagen, wie die Sache damals ausgegangen ist, die Erinnerung endet mit diesem Augenblick des Entdeckens.

Später, in der Schule, landeten die Zwillinge irgendwann in meiner Klasse, weil sie zweimal sitzengeblieben waren, und ich bekam die Möglichkeit, sie besser kennenzulernen. Es stellte sich heraus, dass sie zwar nicht besonders brav, aber ansonsten normale, liebenswürdige Jungen waren, die den anderen ab und zu gern einen Streich spielten.

Der Überfall

Das westsibirische Dorf Schönfeld (Dobroje Pole) war nicht groß und bestand aus höchstens achtzig Häusern. Die Bewohner kannten sich alle und besuchten einander ohne Ankündigungen. Die Türen waren nur abgeschlossen, wenn keiner zu Hause war, sogar dann nicht immer. Man hatte freien Zugang zu jedem Hof und klopfte einfach am Eingang oder an der Fensterscheibe. Manche hielten auch das für unnötig, öffneten einfach die Tür und gingen hinein. Oft wurde der eine oder andere Hof auch für Wegabkürzungen genutzt. Zum Beispiel überquerten viele unseren Hof und das sich anschließende Kartoffelfeld, um zu dem dahinterliegenden Kotlovan (Baggersee) oder zur Gemeinschafts-Banja (Badehaus) zu gelangen.

So war auch ich einmal unterwegs durch fremdes Gelände. Wohin ich wollte? Keine Ahnung. Vielleicht hatten mich die Eltern mit einem Auftrag losgeschickt, vielleicht tat ich es auch aus eigenem Entschluss. Mit fünf Jahren durfte ich mich im Dorf schon ziemlich frei bewegen.

Ich befand mich also gerade im Hof der Nachbarn schräg gegenüber, als ich ein Gackern und Zischen hinter mir hörte. Ich drehte mich um und erschrak – eine Gänseschar war mir dicht auf den Fersen. Noch bevor ich reagieren konnte, rissen mich die Tiere, die fast so groß waren wie ich, zu Boden und hackten mit ihren harten Schnäbeln an mir herum. Ich schrie wie am Spieß, hatte aber bereits so viel Verstand, dass ich meine Augen mit den Händen schützte.

Zum Glück wurde mein Schreien von einem Nachbarn gehört, der eilends herbeilief und die Angreifer wegscheuchte, sonst hätte es für mich sehr übel ausgehen können, denn mein kleiner Körper war danach übersät mit roten, schmerzenden Flecken.

Seitdem gehören Gänse nicht unbedingt zu den Geschöpfen, die ich mag.

Episode einer Freundschaft

Es war eine relativ kurze Freundschaft. Ich war etwa fünf, sechs Jahre alt und Mascha zwei Jahre älter. Wie die Verbindung zwischen uns entstand, kann ich mich nicht mehr entsinnen. Ich weiß aber, dass es eine schöne Zeit war. Wir spielten sehr viel zusammen, überwiegend draußen in unseren Höfen, in den Wäldern und auf der

Dorfstraße. Es waren meist Spiele, die das Leben der Erwachsenen nachahmten – wir imitierten Mutter und Kind, bauten ein Magazin auf (so hieß der kleine Kaufladen im Dorf) mit selbst gebastelter Waage und allerlei Krempel im Angebot. Es machte mir besonders viel Spaß, die kleinen sibirischen Äpfelchen abzuwiegen und zu ‚verkaufen'. Diese Äpfelchen sind in Sibirien sehr verbreitet. Es gibt davon alle möglichen Sorten und Größen und sie schmecken einfach köstlich.

Ich kann mich auch gut an unsere heimlichen Doktor-Spielchen erinnern ... Kinder, Kinder ... Machen das eigentlich alle in diesem Alter?

Ich spielte mit Mascha auch sehr gern Schule. Dafür verwendeten wir ihre Schulbücher, Hefte und Stifte. Sie war es, die mir vorzeitig das Lesen beibrachte. Eines Tages überraschte ich meine Eltern (da war ich noch keine sechs), indem ich ihnen – noch sehr langsam, aber ungeheuer stolz – das Märchen vom Fischer und dem Fischlein vorlas. Schulpflichtig ist man in Russland übrigens erst ab sieben Jahren.

Warum diese Harmonie nicht lange anhielt? Diese Frage habe ich mir auch gestellt. Ob zwischen uns etwas vorfiel, das ich völlig vergessen habe? Oder machte sich der Altersunterschied bemerkbar? Eins ist Tatsache – es gab diese Freundschaft und dann gab es sie nicht mehr. Als ich in die Schule kam, spielte Mascha in meinem Leben kaum eine Rolle. Wir waren keineswegs Feinde, wir interessierten uns nur nicht mehr füreinander.

In der zweiten Klasse trat ein anderes Mädchen in mein Leben und wurde zu meiner besten Freundin. Über diese Freundschaft erzähle ich in der Geschichte „Du warst meine Rettung“.

Verbotene Früchte

Für die sibirischen Äpfelchen kann man wahrhaftig nur die Verkleinerungsform anwenden, obwohl es verschiedene Sorten davon gibt. Die kleinsten sind vielleicht vergleichbar mit einer Kirsche, die größten mit einer Aprikose und jede Sorte hat ihren eigenen Geschmack. Apfelbäume gab es in jedem Garten – auch in unserem – und trotzdem war es ein besonderes Abenteuer für die Dorfkinder, sich in den bewachten Kolchos-Obstgarten zu wagen, denn da schmeckte das Obst am besten. Ist doch klar, man denke bloß an den Ausdruck ‚verbotene Früchte‘.

Ein Erlebnis in diesem Zusammenhang ist mir gut in Erinnerung geblieben.

Es war ein schöner sonniger Herbsttag und ich vielleicht sechs Jahre alt. Mit wem ich auf dem Streifzug durch den Kolchos-Garten unterwegs war, kann ich nicht genau sagen: Vermutlich mit der damals achtjährigen Mascha. Jedenfalls hatten wir unsere Unterhosen mit Äpfeln gefüllt.

Dem verblüfften Leser sei an dieser Stelle gesagt: Die Sommerkleidchen der kleinen Mädchen hatten meist keine Taschen, deren Schlüpfer dafür aber längere Hosenbeine mit Gummizug am Rand. Ja, richtig – darin ließen sich wunderbar ihre so genannten 'sieben Sachen' verstauen.

Wir waren mit unserer Beute sehr zufrieden und befanden uns schon auf dem Rückweg, als ein ungewöhnlicher Apfelbaum meine Aufmerksamkeit erregte. Er war viel niedriger und auch breiter als die anderen, seine Äste (leider ohne Äpfel, wie ich sofort sah) hingen bis zum mit Gras bewachsenen Boden herunter.

Obwohl wir uns beeilen mussten, konnte ich meiner Neugier nicht widerstehen: Ich schob die Äste beiseite und kroch unter den Baum, weil ich hoffte, darunter vielleicht doch noch ein paar Fallfrüchte zu finden.

Und tatsächlich, da lag er – ein Apfel! Ja, kein Äpfelchen, sondern ein richtiger Apfel, fast so groß, wie einer von diesen, die es manchmal im Magazin zu kaufen gab. Meine Augen wurden vor lauter Freude und Staunen wahrscheinlich genauso groß – ich schnappte mir den Apfel, erhob mich ... und da hörte ich auch schon das wütende Geschrei des Wächters, der gerade seine Runde drehte, und die Geräusche seiner großen Rassel, die er zur Abschreckung gefiederter und zweibeiniger Diebe benutzte.

Mascha und ich rannten los, hinaus aus dem Obstgarten und über den Graben hinweg, der ihn von allen Seiten umschloss. Obwohl er nicht besonders tief war und zum Glück trocken, stellte er doch ein gewisses Hindernis für ein Kind dar, und – wie konnte es anders sein? – ich stolperte und stürzte kopfüber in die Senke. Mir wurde schwarz vor Augen. Meine Begleiterin schrie panisch: „Schnell, schnell!“ Sie ließ mich nicht im Stich, reichte mir ihre Hand, zog mich empor und wir setzten unsere Flucht fort …

Nein, der Wächter hatte uns nicht eingeholt, aber ich nahm ihm die Sache ziemlich übel, vor allem, weil er mein Stiefgroßvater war. Er hätte seine Enkeltochter nicht so jagen dürfen. Das Schlimmste jedoch war – ich verlor im Graben den schönen, großen und den bestimmt leckersten Apfel der Welt, und dem trauerte die kleine Rosa besonders lange nach.

Großmutters Tod

Zu meinen Großeltern väterlicherseits hatte ich keine enge Beziehung. (Wie bereits erwähnt, war Opa auch gar nicht mein richtiger Großvater; der war schon im 1. Weltkrieg gefallen). Wenn ich zu den Großeltern ging, war das ein Besuch wie bei jedem anderen im Dorf, gefühlsmäßig machte es für mich kaum einen Unterschied. (Aber Großmamas Hühnersuppe mit selbstgemachten Nudeln … oh, das war die leckerste Suppe, die ich je gegessen habe, obwohl ich eigentlich Suppen nicht mag).

Auch hatte ich nicht das Glück, meinen Opa mütterlicherseits kennenzulernen: Er war 1937 als Feind des Volkes verhaftet und kurz darauf erschossen worden. Von seiner Hinrichtung erfuhr die Familie erst während der Zeit der Perestroika.

Ich kann mich jedoch noch gut an Oma Margarita

erinnern. Sie lebte mit ihrer jüngsten Tochter und Enkelin in einem winzigen Häuschen, in dem die gute Stube sogar noch als Gästezimmer für hohe Besucher der Kolchosleitung diente.

Oma war von sehr gutmütiger Natur und empfing mich immer mit liebevollem Lächeln. Allerdings sehe ich sie im Geiste stets schwerkrank im Bett liegend. Wenn ich mich daneben auf einen Stuhl setzte, griff sie sofort unter die Bettstelle, zog einen Karton hervor und holte ein Säckchen heraus. Das war immer ein spannender Moment für mich und ich schaute voller Erwartung zu, wie sie das Säckchen öffnete und ein paar Bonbons oder ein Konfekt, ein Täfelchen Schokolade oder auch einen großen Apfel hervorzauberte und mir überreichte. Das war wohl auch der Grund, weswegen ich sie so gern besuchte.

Sie starb, als ich sieben war. Mich überraschte damals ihr Tod nicht sonderlich. Ich wusste – Oma war alt und wie alle Alten im Dorf, musste sie bald sterben. Das war unabwendbar. Das war der Lauf der Dinge, den ich gut kannte, denn ich hatte schon einige Begräbnisse miterlebt.

Auf Omas Beerdigung war ich schlechter Laune. Ich muss jedoch zugeben, nicht, weil ich um die alte Frau trauerte, sondern weil ich großen Hunger hatte, der sich schmerzhaft in meinen leeren Magen krallte. Ich konnte es kaum erwarten, dass die Trauerfeier vorbei war und wir Kinder (als die Letzten) endlich an den Tisch durften, wo auf uns Ersatzkaffee mit süßen Brötchen wartete. ‚Küchelchen' nannte man im Dorf dieses hausgemachte

Gebäck und es gab sie in verschiedenen Ausführungen.

Als ich gesättigt war, besserte sich meine Laune schlagartig und ich kann mich erinnern, wie ich mit den anderen Kindern zwischen den unterdessen leeren, langen Holzbänken umher tollte.

Was den Tod betrifft, so war ich in diesem Alter noch der festen Überzeugung, dass ich selbst nie sterben werde. Es war ein eigenartiges, unbeschreibliches Gefühl. Sehr, sehr selten überkommt es mich auch im Erwachsenenalter und dann weiß ich für einen kurzen Moment wieder mit Sicherheit – ich bin unsterblich ...

Aber zu dem Tod habe ich ohnehin meine eigene, ganz persönliche Einstellung.

Jolka

Winter in Sibirien ...

Wer diese Worte hört, bekommt wahrscheinlich umgehend Gänsehaut und denkt sogleich an Eis, Frost, Pelzmantel, dicke Mützen und vermummte Gesichter.

Ja, der Winter in Sibirien konnte sehr kalt sein – das ist er sicherlich auch jetzt noch – 40° unter null war da keine Seltenheit. Und Schnee gab es von November an bis in den März hinein jede Menge – geradezu Berge, die sich auf der Dorfstraße auftürmten.

Wir Kinder freuten uns immer, wenn der Winter wieder begann. Kein Frost konnte uns erschrecken, an den waren wir gewöhnt; er nahm uns nicht den Spaß an den Schneehügeln mit Tunneln und Höhlen, an den Schneeballschlachten, den Schlittenfahrten. Außerdem standen uns zwei wunderbare Feste bevor, die es nur im Winter gab, die man sich ohne Schnee gar nicht vorzustellen vermochte – Weihnachten und das Neujahrsfest.

Im atheistischen Russland meiner Zeit wurde Weihnachten nicht gefeiert und wenn, dann nur im Familienkreis. Dagegen wurde das Neujahrsfest ganz groß geschrieben. Und wie die Kinder in Deutschland Weihnachten kaum erwarten können, fieberten auch wir – die kleinen Sibirier – voller Vorfreude Neujahr entgegen, warteten auf Djed Moros (Väterchen Frost) und selbstverständlich auf Geschenke. Kann man sich den Weihnachtsmann ohne Geschenke vorstellen? Mit

Sicherheit nicht. So war auch Djed Moros ohne seinen geheimnisvollen großen Geschenke-Sack undenkbar.

Die Vorbereitungen für das Neujahrsfest (Jolka) begannen schon Anfang Dezember. In jedem Jahr veranstaltete die Grundschule für alle Dorfbewohner ein Konzert. Es fand gewöhnlich im Dorf-Klub statt. Ähnlich einem Gemeinde- oder Kulturhaus, bestand der Klub aus einem Saal, der schnell zum Kino-Raum oder in eine Spiel- und Sporthalle umgewandelt werden konnte, auch die Dorfverwaltung und die Post befanden sich in diesem Gebäude. Zu diesem Fest also wurde im Saal ein geschmückter, von Lichterketten umwundener Tannenbaum (Jolka) aufgestellt.

Es war ein aufregender Moment für die Kleinen, wenn zu Beginn des Festes alle im Chor nach Djed Moros riefen, der dann plötzlich auf der Bühne erschien – selbstverständlich in Begleitung seiner Enkelin Snjegurotschka (Schneeflöckchen) – und mit tiefer Stimme feierlich die magische Formel aufsagte: „Jolotschka saschgisj!“ (Tannenbäumchen leuchte!). Mit einem Mal verwandelte sich der auch ohnehin schon schöne Tannenbaum in ein leuchtendes, funkelndes, glitzerndes Prachtwerk. Die Kinder schrien vergnügt und klatschten in die Hände, was das Zeug hielt.

Dann wurde für Djed Moros gesungen, getanzt, wurden Gedichte deklamiert und Sketche aufgeführt. Der gutmütige, weißbärtige alte Mann belohnte jeden Künstler mit einer Kleinigkeit, die er aus den Tiefen seines roten Beutels herausholte.

Die meisten Kinder waren als Märchenfiguren verkleidet: Es gab Hasen, Füchse, Wölfe, Bären und jede Menge Schneeflöckchen. Das Kostüm eines Schneeflöckchens bestand aus einem weißen Kleid, verziert mit silbernen Sternchen und Ähnlichem, und – was ganz wichtig war – einer Krone. Es gab Kronen zu kaufen, aber viel aufregender war es, selbst eine zu kreieren. Eine einfache Anleitung dazu (aus meiner Kindheit): Man nehme ein Stück Pappe, zeichne darauf die Konturen einer Krone, schneide sie aus, klebe darauf eine Schicht Watte und auf die Watte, kunstvoll verteilt, alle möglichen glitzernden Teilchen (Perlen, Sternchen und die winzigen Scherben einer zerbrochenen Weihnachtskugel), befestige an beiden Enden des Streifens ein Elastikbändchen ... fertig ist das Schmuckstück – die Schneeflöckchen-Krone.

Zum Abschluss des Jolka-Festes gab es die lang ersehnten Geschenke. Djeduschka Moros und Snjegurotschka verteilten Papiersäckchen mit Süßigkeiten an alle Kinder des Dorfes. Ob sie nun zur Schule gingen oder noch Babys waren, spielte dabei keine Rolle.

Wie kamen die Geschenke zustande, wer bezahlte sie? Das muss ich etwas eingehender erklären. Normalerweise zahlte jede Familie einen gewissen Beitrag an die Schule, je nach Anzahl ihrer Kinder, sagen wir je drei Rubel. Das Elternkomitee hatte dann die Aufgabe, die Süßigkeiten zu besorgen. Das war keine leichte Sache. Eine große Auswahl an Bonbons, Pralinen und Schokolade gab es in Russland nicht. Wenn ich als Kind einen solchen Überfluss an Süßem wie hier im Supermarkt gesehen hätte, ich glaube, mein kleines Herz hätte das gar nicht verkraftet.

Zum Neujahr erhielten die Schulen allerdings einige Einkaufsmöglichkeiten mehr. Die erstandenen Leckereien wurden gerecht zugeteilt, so dass jedes Kind das Gleiche bekam – in Säckchen verpackt, die von den Schülern zu Hause hergestellt wurden. Wir benutzten dafür die Doppel-Blätter aus einem Schulheft, die wir an drei Seiten vernähten und dann mit Buntstiften bemalten. Aber ich erinnere mich auch noch an Tüten, die einfach aus Zeitungspapier angefertigt waren. Diese Bastelei war eine angenehme Hausaufgabe – man bekam ja schon bald von Väterchen Frost die prall gefüllte Papiertüte zurück. Erst später wurde das Papier durch Zellophan ersetzt und die Schüler mussten keine Säckchen mehr basteln.

War das aufregend, das Päckchen vom Djed Moros persönlich überreicht zu bekommen, den Inhalt dann zu Hause auf der Decke auszubreiten und ihn zu begutachten. So viele Köstlichkeiten auf einem Haufen – das gab es selten; und es waren auch immer welche dabei, die ich noch gar nicht kannte. Außer Konfekt befanden sich häufig Walnüsse (die mich nicht sonderlich interessierten) oder ein Apfel darin, manchmal sogar (oh Wunder!) eine Apfelsine.

Wenn ich heute meine Enkelkinder beobachte, wie sie die Pakete auspacken, die unter dem Weihnachtsbaum liegen, dann denke ich an die vergleichsweise bescheidene Tüte, die ich als Kind auspacken durfte. Ich kann jedoch keinen Unterschied zwischen damals und jetzt feststellen, was die Freude und Begeisterung betrifft. Wie meine Enkel im Jahr 2015 ihre vielen Geschenke bewundern, so bewunderte auch ich damals – im Jahr 1963 – die Anzahl der Schätze, die in ein einziges Papiersäckchen passten.

Das Versteckspiel

In Russland feiert man Weihnachten inoffiziell nicht im Dezember, sondern nach dem alten Kalender zwei Wochen später – im Januar, und offiziell überhaupt nicht, wie auch alle anderen religiösen Feste. Zumindest war es so, als ich noch dort lebte. Allerdings bin ich deutscher Abstammung und in einem deutschen Dorf aufgewachsen, in dem alle Siedler Weihnachten zur selben Zeit feierten wie die westliche Welt.

In unserer Familie gab es zwar sonst keine Geschenke, aber Weihnachten bildete eine Ausnahme. Schon lange vor dem Feiertag begannen die Vorbereitungen. Geschenke und Süßigkeiten zu besorgen, war schon immer keine einfache Sache in meiner Heimat. Das, was meine Eltern zusammentrugen, wurde sorgfältig vor uns Kindern versteckt. Gewöhnlich bewahrte unsere Mutter die Leckereien in einem weißen Kissenbezug auf, den sie als Beutel benutzte. Nicht immer gelang es ihr jedoch, das Versteck geheim zu halten. Manchmal hatte jemand von uns Glück und entdeckte es. Und dann? Ich glaube, dazu muss ich nicht viel sagen. Es versteht sich von selbst, dass der Beutel langsam, aber ständig leichter wurde. Und was blieb bis zum Feiertag übrig? Das kam ganz darauf an, wer das Versteck gefunden hatte und zu welchem Zeitpunkt dies geschehen war, wer genascht hatte und wie viel Fantasie diese Person besaß.

Ich, die damals Sechsjährige, stellte es einmal ganz schlau an. Nein – ich aß nicht alles auf einmal, sondern nahm mir jeden Tag eine oder zwei Kleinigkeiten heraus. Irgendwann kam unweigerlich der kritische Moment, an dem der Beutel eine gefährlich geringe Menge Inhalt aufwies. Ich musste mir schleunigst etwas einfallen lassen. Also nahm ich das schon ziemlich leichte Säckchen mit den restlichen Süßigkeiten und vergrub es draußen in einem Schneehaufen. Nach einigen Minuten holte ich es wieder heraus, lief ins Haus, zeigte es meiner Mutter und erzählte ihr ganz aufgeregt, dass ich es draußen unter dem Schnee gefunden habe (aufgeregt war ich ja tatsächlich).

„Jemand hat es uns geklaut, versteckt und – guck mal, Mama, – fast alles aufgegessen!“

„Aber woher willst du denn wissen, dass das Säckchen uns gehört?“, fragte meine Mutter.

Tja, besonders schlau war die kleine Rosa wohl doch nicht, denn auf diese Frage hatte sie keine Antwort parat.

Wie die Sache ausgegangen war? So genau weiß ich es nicht mehr. Bestraft wurde ich jedenfalls nicht. Ich glaube, meine Mutter war für so etwas gewappnet und füllte den Beutel wieder auf. Selbstverständlich versteckte sie ihn erneut und selbstverständlich an einem anderen Ort.

Ich kann wieder laufen!

Es ist eine meiner ersten Erinnerungen und eine von der Art, die sich am tiefsten ins Gedächtnis eingebrannt und mein Leben wahrscheinlich auch in gewisser Weise geprägt hat.

Schönfeld – ein deutsches Dorf in West-Sibirien. Sommer 1958. An eigene Kraftfahrzeuge war in dieser

Zeit noch gar nicht zu denken. Erst ein paar Jahre später konnte unser Vater sich zu den stolzen Besitzern eines Motorrades mit Beiwagen zählen. Damit wurde dann alles Mögliche transportiert – angefangen von den Kindern bis hin zu Baumaterial oder Säcken mit Mehl und Futter. Ansonsten wurden als Fortbewegungs- und Transportmittel hauptsächlich Pferde benutzt, die allerdings nicht Privatbesitz waren, sondern Eigentum des Kolchos. Es gab einen großen Stall, der vom – ich nenne ihn mal Oberpferdepfleger – verwaltet wurde. Bei Bedarf konnte man ein Pferd samt Wagen ausleihen.

Eine Reise auf dem Pferdewagen war für Kinder damals mit Sicherheit aufregender als heute eine Autofahrt. Ich war da ganz gewiss keine Ausnahme. Nur kann ich mich an die Freude dieses erstmaligen Abenteuers nicht mehr richtig entsinnen, denn sie wird überdeckt von dem, was während dieser Fahrt passierte.

Ja, wir waren unterwegs mit einem Pferd, das eine Art Droschke hinter sich herzog. Kutscher war meine fünfzehnjährige Schwester Aneta. In der mit Stroh ausgelegten Droschke saßen wir Kleinen – mein siebenjähriger Bruder Jakob und ich, vier Jahre alt.

Bevor ich diese Geschichte aufschrieb, sprach ich mit meiner Schwester und wollte sie über die Einzelheiten dieses, 53 Jahre zurückliegenden Geschehens befragen. Wir staunten beide, Aneta darüber, dass ich die Bilder noch so klar im Kopf hatte, und ich, dass sie sich kaum noch an den Vorfall erinnerte. Auch wusste sie nicht mehr, wohin sie mit dem Pferd und uns geschickt wurde.

Meine Erinnerungen dagegen waren zwar bruchstückhaft, aber immer noch lebendig und keineswegs verblasst.

Wir biegen in die Straße ein, in der sich das Haus unserer Großeltern befindet. Vielleicht muss Aneta da etwas abholen oder abliefern? Als wir in der Höhe des Dorfladens sind, sehe ich vor dem Eingang Männer stehen. Sie starren uns an. Einer von ihnen grinst, dann steckt er zwei Finger in den Mund und pfeift. Das Pferd erschrickt, wiehert und geht durch. Der Wagen kippt um, schleudert uns auf die Straße. Ich bin ebenso erschrocken wie das scheue Tier, kann aber nicht wegrennen, kann nicht mal aufstehen. Ich nehme deutlich das verstreute, gelb leuchtende Stroh wahr und meinen abgeschürften, blutig-roten Knöchel. Mit dem rechten Fuß kann ich nicht auftreten und weine. Aneta nimmt mich auf den Arm, obwohl sie selbst schlimme Schmerzen hat (am Steißbein; diese Verletzung machte ihr noch viele Jahre zu schaffen). Jakob ist zum Glück nichts passiert. So klein und unwissend ich auch bin, ich registriere, dass die Männer am Magazin lachen. Sie haben richtig Spaß an der ganzen Sache. Keiner von ihnen rührt sich von der Stelle, keiner eilt uns zur Hilfe …

Die nächste Episode: Ein unbekannter Raum. Ich sitze auf dem Schoß meiner Mutter, um uns sind fremde Menschen. Plötzlich steht Mama auf und setzt mich auf dem Stuhl ab. Die Furcht – sie geht jetzt, kommt nie wieder, ich muss für immer hier sitzen bleiben – ist so groß, dass ich in Panik schreie, ihr hinterher will. Meine

Beine gehorchen mir aber nicht, ich rutsche vom Stuhl und falle zu Boden. Ich kann nicht laufen ... Mama nimmt mich auf den Arm und geht mit mir in einen anderen Raum. Ein Doktor im weißen Kittel drückt an meinem Fuß herum, dreht ihn hin und her. Es tut kein bisschen weh und ich sehe dem Doktor fasziniert zu ...

Leider habe ich kein Zeitgefühl mehr, wie lange diese Unfähigkeit dauerte, mich auf eigenen Beinen fortzubewegen. Nur vage erinnere ich mich an das Getragenwerden, an das unangenehme Gefühl, umher krabbeln zu müssen, obwohl ich doch schon ein so großes Mädchen bin. Warum ich nicht laufen konnte, ist mir nicht erinnerlich. Vermutlich war es psychisch bedingt – durch den Schock. Ein solches Erlebnis hat zweifellos seine Nachwirkungen. Eigenartig ist, dass ich die Männer (vielleicht waren es auch nur große Jungen, obwohl die sich normalerweise nicht am Magazin herumtrieben) allesamt in Schwarz sehe, was gar nicht für die Sommerzeit passt. Ich denke, da spielt mir die kindliche Erinnerung einen Streich. Für die kleine Rosa waren diese Gestalten die Verkörperung des Bösen. Auch heute noch wird mir etwas mulmig, wenn ich an einer Ansammlung dunkel gekleideter Männer vorbeigehen muss.

Die letzte Folge meines Erinnerungsfilms über das Ereignis im Sommer 1958: Ich spiele im Sand, bin mit allen Sinnen beim Häuserbauen und Kuchenbacken. Irgendetwas brauche ich ganz dringend für mein Spiel, vielleicht ist es ein Schaufelchen oder ein Eimerchen. Der benötigte Gegenstand liegt jedenfalls außerhalb meiner Reichweite. Ich stehe auf und gehe ihn holen. Plötzlich wird mir bewusst, was da gerade passiert ... Ich renne los, renne ins Haus und rufe: „Mama, Mama, guck mal! Guckt doch mal alle! Ich kann es wieder! Ich kann wieder laufen!" Dieses Glücksgefühl ist so überwältigend, dass mir jetzt noch die Tränen kommen, wenn ich daran denke.

So überwand ich den unsichtbaren inneren Feind, der mich lähmte, lernte zum zweiten Mal in meinem Leben laufen. Und ich lernte die Freiheit und Unabhängigkeit schätzen, die ein Mensch ebenso dringend braucht wie Luft zum Atmen.

Juli 2011

Ein Tag aus dem Frühjahr 1960: Er liegt sehr weit zurück, sowohl zeitlich als auch räumlich, hat aber einen festen Platz in meinen Erinnerungen. Es ist ein Tag, der nie verblassen wird, ein Tag aus dem Leben eines sechsjährigen Mädchens, das in einem deutschen Dorf in Sibirien aufwuchs und dort die Welt kennenlernte.

Ich besaß als Kind nicht viele Spielsachen und konnte sie, glaube ich, an den Fingern abzählen. An die einzige Puppe, die ich hatte, vermag ich mich nicht mehr richtig zu erinnern, nur an deren übrig gebliebenen Kopf, und auch an diesen nur, weil ich mit ihm auf einem alten Foto zu sehen bin. Ich spielte viel draußen, wie die anderen Kinder auch – im Sand, auf Baustellen, im Wald, am Baggersee. Und wie die anderen Kinder war ich eine enthusiastische Sammlerin.

Jakob und Rosa Schütz

Die Jungs interessierten sich für allerlei Metallkleinkram, Briefmarken und Streichholzbildchen, die Mädchen sammelten leidenschaftlich gern Fantiki (das russische Wort für Bonbon- und Konfektpapierchen), ausgeschnittene Couvertbilder und – Scherben.

Ich weiß nicht, woher das kam – Scherben sammeln, wer damit überhaupt angefangen hatte. Es war einfach schon immer so: Mädchen und ihre Scherbensammlungen. Die Jungen schauten auf sie von oben herab, aber insgeheim waren sie doch sehr neugierig und manchmal auch neidisch. Man musste sein Töpfchen mit den Scherben schon gut hüten und verstecken, um vor ihren langen Fingern sicher zu sein.

Was waren das denn für Scherben? Die Antwort ist einfach – kleine Porzellan- oder Tonscherben verschiedener Größe. Und was war daran so aufregend?

Ich hole mal in Gedanken mein Eimerchen hervor und breite die Schätze auf dem Tisch der Erinnerung aus. Für meine Augen ist es die reinste Pracht.

Bescheidener wirken natürlich die weißen Teile, es sei denn, sie besitzen eine außergewöhnliche Form. Mein Blick haftet auch nicht allzu lange an den einfachen, mit einem oder zwei farbigen Streifen verzierten Stücken, sondern verweilt liebevoll bei den schönsten, aufregendsten Exemplaren.

Da sind ein paar Scherben mit den hübsch geschwungenen Teilen eines Blumenornaments … Wie mag wohl das Gefäß, zu dem sie einmal gehörten, ausgesehen haben? …

Dies ist ein kostbares Stück mit vollständig erhaltener exotischer Blume; dies eins mit einer halben menschlichen Figur, so seltsam, so fremd – das heil gebliebene Auge gleicht einem Schlitz, die Kleidung – wo trägt man denn so etwas? Ich überlege, wer im Dorf einen solchen Teller oder eine derartige Tasse besessen haben könnte und komme zu dem Schluss, dass die Scherbe gar nicht aus unserem Dorf stammen kann ... Unmöglich! Aber woher dann? Und schon ist meine Fantasie in Gang gesetzt ...

Bemerkenswert ist auch, wie man so eine Sammlung zusammenbekam. Wie erwähnt, spielten wir Kinder oft auf Baustellen, wo immer eine Scherbe zu finden war. So gefährlich, wie heutzutage in der Stadt, waren diese Orte damals nicht. Da stand höchstens ein einfacher Bagger. Aufregend war es, in die Fundamentgruben hinunterzusteigen oder zwischen den Holz- und Ziegelstapeln wie in einem Labyrinth umherzuirren. Und dabei hielt man auch die Augen offen, jederzeit für eine spannende Scherbenentdeckung bereit.

Die kleine Rosa hatte ihre eigene geheime Quelle – das Kartoffel- und Gemüsefeld hinter dem Haus. Ich wusste, dass man da die wertvollsten Stücke finden konnte. Wie ich zu dieser Überzeugung kam? Ich denke, es lag daran, dass ich beim Unkrauthacken oder während der Kartoffelernte gelegentlich einige Scherben entdeckt hatte. Oder es war die Idee, dass Scherben auch vom Himmel fallen können – als Teile des Tellers eines Außerirdischen. Wer weiß schon, was sich ein Kinderhirn zusammenreimt?

Wegen der großen Schneemassen setzte der Frühling in Sibirien stets langsam ein, verlief dann umso heftiger. Am schnellsten verschwand der Schnee auf dem Kartoffelacker. Darauf wartete ich schon sehnsüchtig, um mit meinen Feldforschungen loszulegen.

So war es auch in jenem Frühling 1960, als ich sechs Jahre alt war. Ja, ich hatte meine Bedenken – das gebe ich zu – aber die Erde sah so schwarz, so trocken, so verlockend aus. Kein Fleckchen Schnee mehr, keine Wasserpfützen. Ich traute mich, und anfangs ging auch alles gut – fast bis zur Mitte des Feldes. Dann spürte ich plötzlich, wie meine Beine immer schwerer wurden und ehe ich mich versah, steckte ich fest. Ich erstarrte vor Schreck, aber der Boden gab mehr und mehr nach. Ich versuchte, ein Bein aus dem Erdreich herauszuziehen. Es gelang mir, allerdings ohne den Gummistiefel – der wollte nicht mit.

Was sollte ich tun? Ich sah mich um – kein Mensch zu sehen. Ich war ganz allein. Mitten im Sumpf! Mich überkam die nackte Panik. Die Vorstellung, in der feuchten Erde zu versinken, war grauenhaft. Ich steckte mein Bein zurück in den Stiefel … und fing an zu schreien. Ich vermute mal, dass man mich im ganzen Dorf gehört hatte. Jedenfalls schoss mein Vater um die Hausecke. Der Schreck stand ihm ins Gesicht geschrieben …

Ich war so froh, gerettet worden zu sein, dass ich sogar mit dem kräftigen Klaps auf den Hintern einverstanden war (eigentlich war es nicht nur einer); ich wusste ja, dass es meine eigene Dummheit und mein Ungehorsam waren, denen ich die Strafe verdankte – Vater hat mich schon immer davor gewarnt, auf dem durchweichten Erdboden umherzuwandern.

Fand ich damals wenigstens eine Scherbe? Das kann ich nicht mehr sagen. Neben einem so großen Schock wie der Vorstellung, im Boden zu versinken, hatte ein kleines Scherbenstückchen keine Chance, im Gedächtnis hängenzubleiben.

Als Vater und ich uns von den Strapazen dieses Tages etwas erholt hatten, fand ich mich, in die Decke eingekuschelt, im Elternbett wieder und mein Vater erzählte mir ein Märchen. Ich glaube mich noch erinnern zu können, dass es „Rotkäppchen“ war. Aber vielleicht war es auch „Der Wolf und die sieben Geißlein“. Möglicherweise auch beides.

Schade, dass ich meine Scherben-Sammlung nicht mehr besitze. Sie ist unwiederbringlich in den Tiefen und Weiten der Vergangenheit verschwunden.

Zwischen zwei Welten

Seltsamerweise erinnere ich mich nicht an meine Einschulung. Ich kann mir zwar vorstellen, wie der Ablauf gewesen sein muss, aber ich habe im Kopf kein Bild von mir selbst. Meine Eltern begleiteten mich nicht – so viel weiß ich. Vermutlich ging ich am ersten Tag mit meinem älteren Bruder zur Schule, der schon in der dritten Klasse war, und hatte einen Strauß Blumen dabei – für die Lehrerin. So etwas wie Schultüten gab es nicht. Es wäre auch sonderbar, wenn ich erzählte, ich hätte irgendwelche Geschenke bekommen – nein, die gab es auch nicht.

Wie dem auch sei, die Schule öffnete mir das Tor in eine wundervolle andere Welt, eine, in der es interessant war, in der es Neues zu entdecken gab, in der ich Spaß hatte und mich wohlfühlte. Ich war sofort von diesem Reich angetan, vom Lernen, den Büchern, von meiner ersten Lehrerin – Galina Nikolajewna.

Obwohl ich ein stilles und schüchternes Kind war, dazu noch mit depressiver Veranlagung, sehnte ich mich nach dem Miteinander. Ich brauchte andere Menschen und deren Anerkennung. Heute verstehe ich das – ich wollte entfliehen – der Trostlosigkeit, der Kälte, den Verboten des Elternhauses, vor allem aber meinen schlimmen Erlebnissen, die ich wohl schon zu Anfang der Schulzeit völlig verdrängt hatte.

Ja, ich wollte so weit wie möglich weg – in eine andere,

bessere Welt. Und da war sie, die andere Welt – ganz nah. Sie stand in krassem Gegensatz zu dem, was ich von zu Hause kannte, und somit geriet ich gleich anfangs in einen Konflikt. Ich musste mich entscheiden – entweder für eine Welt mit Bibel oder für eine ohne Bibel. Zwei Gesichter zeigen, wie viele es taten, lag nicht in meiner Natur.

Ich war mir sicher, dass Gott nicht existiert. Diese Gewissheit war zwar intuitiv, aber doch sehr früh entstanden als das logische Produkt meiner Erfahrung: Bete so viel du willst, Gott hilft nicht, also gibt es ihn auch nirgendwo. Das deckte sich auch mit dem, was uns in der Schule erzählt wurde. In meiner neuen Welt gab es keinen Himmel und keine Hölle, ich musste nicht beten und die Bibel lesen. Im Gegenteil, es war verboten, Gott zu verehren, und das, was zu Hause als Sünde galt, war in der Schule erwünscht und erlaubt – nämlich Bücher lesen, Fernsehen, ins Kino gehen und tanzen. Weil mir diese Welt so gut gefiel, war ich auch überzeugt, dass alles in ihr richtig ist, dass Kommunisten die Besten und Vorbilder für die gesamte Menschheit sind. Ja gewiss, ich ahnte, dass meine Eltern diese Ansichten nicht teilten, aber sie hatten uns Kindern nicht erklärt, warum; sie hatten nie über die Vergangenheit und das, was sie erleiden mussten, gesprochen ... ein großes, ein schwieriges Thema. Und es ist auch gar nicht meine Absicht, mich darin zu vertiefen. Ich will nur das Widersprüchliche verständlich machen, mit dem ich als junger Mensch zurechtkommen musste.

Es ist ja nicht so, dass ich dachte, meine Eltern seien bösartig oder falsch oder ungebildet, weil sie an Gott glaubten. Ich verstand schon, dass sie nicht anders konnten, dass sie mit der Existenz Gottes viel Hoffnung verbanden. Sie glaubten an ihn, weil sie überzeugt waren, dass es ihn gibt und er ihnen beistand. Ich glaubte nicht an Gott, weil ich überzeugt war, dass es ihn nicht gibt. Mir war bewusst, dass keine der beiden Seiten das Gegenteil jemals würde beweisen können.

Die Lehrer mochten das stille, fleißige, oft in Gedanken versunkene Mädchen Rosa. Warum auch nicht? Ich war gut im Lernen, mein erster Aufsatz zeigte, dass in mir sogar literarische Fähigkeiten steckten. Es wunderte mich allerdings schon damals, warum ich die Einzige in der Schule war, die gut schreiben konnte, denn ich ahnte – ein so großes Talent dafür besaß ich nun auch wieder nicht. War es vielleicht so, dass die anderen Schüler im Schreiben nicht frei waren, in Stereotypen dachten, sich zu sehr an die Aufgabe, an das Thema klammerten, während ich von Anfang an meine eigenen Gefühle und Gedanken in die Texte einbrachte?

Da ich viel las, wodurch mein Wortschatz immer umfangreicher wurde, und weil ich ein gutes Gespür für einen harmonisch fließenden Text hatte, gelang es mir mühelos, aus meiner Arbeit ein kleines über die Leistungen der anderen ragendes Kunstwerk zu gestalten – zur Freude und Begeisterung meiner Lehrer. Ich glaube, auch die Rechtschreibung war ein Baustein meiner vorgeburtlich angelegten Fähigkeiten, denn Schreibfehler machte ich in der russischen Sprache nie.

Jetzt ist es an der Zeit, zu dem zu kommen, was ich in dieser Geschichte eigentlich erzählen will – zu meiner großen Dummheit, die ich in der dritten Klasse beging.

Wie man aus dem oben Aufgeführten leicht herauslesen kann, war ich eine kleine Patriotin, zumindest so lange, bis mir Zweifel kamen. Das geschah allerdings erst im Erwachsenenalter. Da ich die eine Welt ablehnte, hatte ich mich zwangsläufig der anderen zugewandt, in der Annahme, dass es die einzig gute und gerechte sei. Dass sie viel schlimmer und verlogener war als die erste, konnte ich als Kind nicht ahnen.

Schon die Erstklässler in der Sowjetunion wurden politisch ausgerichtet, wenn man das so sagen darf. Wie die meisten war ich ein ‚Oktoberkind' und trug stolz das dazugehörige Abzeichen – ein rotes Sternchen mit dem Abbild des kleinen Wladimir Uljanow-Lenin.

In der 3. Klasse folgte dann die nächste Stufe. Wir Kinder wurden der Reihe nach gefragt, wer bereit sei, in die Organisation der Jungen Pioniere einzutreten. Ich stimmte sofort zu, denn das war mir von den Eltern zu diesem Zeitpunkt nicht untersagt worden. Einige der Mädchen beantworteten die Frage jedoch nicht, senkten die Köpfe und fingen an zu weinen. Die Instruktion der Eltern war wohl eindeutig. (Zum besseren Verständnis möchte ich anmerken, dass fast alle Kinder in der Grundschule deutscher Nationalität waren und fast alle Eltern – wie auch meine – Baptisten).

Ich konnte es nicht fassen! Warum wollten die Klassenkameradinnen nicht? Es war doch toll, zu den Pionieren zu gehören und für Heldentaten bereit zu sein! Immer bereit! Außerdem fand ich es sehr aufregend und total schick – demnächst ein rotes Halstuch tragen zu dürfen.

Zu Hause erzählte ich meinen Eltern, dass die Mädchen geweint hatten. Vater zuckte mit den Schultern und sagte darauf: „Ist doch albern, deshalb muss man doch nicht gleich weinen."

Das bekräftige mich nur noch mehr in meinem patriotischen Gefühl und ich beschloss, es ‚ihnen' so richtig zu zeigen. Intuitiv spürte ich, dass meine Ausdrucksfähigkeit im Schreiben mir in dieser Sache einen ‚guten' Dienst leisten werde (dass diese Fähigkeit in Wahrheit sogar zu einer gefährlichen Waffe werden konnte, ist mir erst viel später klar geworden). Also überlegte ich nicht lange, setzte mich hin und verfasste ein Schreiben, in dem ich meiner Empörung freien Lauf ließ. Vermutlich beschuldigte ich die Mädchen, dass sie wenig Kampfgeist zeigten, dass sie keine Patrioten und vielleicht sogar gegen den Kommunismus waren … In dieser Art.

Leider, leider kann ich das, was ich damals zu Papier brachte, nicht mehr aus der Erinnerung abrufen. Es wäre auch für mich sehr interessant, das heute zu lesen, aber dieser Brief ist auf ewig in die Ritze der Zeit gerutscht und sein Inhalt vollständig aus meinem Gedächtnis gelöscht. Nur an meine Vorgehensweise erinnere ich mich und die war nicht gut, nein, ganz und gar nicht gut. Ich hatte den glorreichen Einfall, meinen Text mit „Die Untergrund-Gruppe der Jungen Pioniere“ zu unterschreiben (so in etwa in deutscher Übersetzung).

Ich war sogar besonders pfiffig, wie ich glaubte – ich benutzte für mein Pamphlet Druckbuchstaben! Das aber erwies sich als ausgesprochen dumm, weil ich ganz normal zu schreiben begonnen hatte und mir die Idee mit der Druckschrift erst kam, als ich die ersten Buchstaben bereits aufs Papier gesetzt hatte.

Was machte die schlaue Rosa? Sie überklebte das begonnene Wort mit einem Papierstreifen und schrieb darüber weiter! Warum nur? War ich zu faul, um ein anderes Blatt zu holen oder war mir das Papier ausgegangen? Ich weiß wirklich nicht, was damals in meinem Kopf vorging. Mit neun Jahren hätte ich eigentlich schon etwas mehr ‚Grips' haben müssen.

Als ich fertig war, faltete ich mein ‚Werk' zusammen, wartete den passenden Moment ab und legte es einem der Mädchen in die Schultasche.

Ich hatte wohl nicht damit gerechnet, dass es den Brief weiterleiten werde – direkt an die Lehrerin. Wahrscheinlich hatte ich gehofft, die Verweigerer würden ihren ‚Fehler' einsehen und doch noch Pioniere werden wollen.

Nun kam eine Lawine ins Rollen. Es dauerte nicht lange, da wurde ich ins Lehrerzimmer zitiert und bekam den Brief vor die Nase gehalten.

„Hast du das geschrieben?“

Ich wollte es abstreiten, aber dann sah ich, dass der

Papierstreifen entfernt worden und meine unverkennbare Handschrift zum Vorschein gekommen war. Zwecklos zu lügen! Die Erwachsenen befragten mich mit ernsten Mienen, was das für eine Untergrund-Gruppe sei und wer alles noch dazugehöre. Zu meinem Glück erkannte man ziemlich schnell, dass eine solche Gruppe gar nicht existierte, dass ich eine Ein-Mann-Organisation war, um es mal so auszudrücken.

Die Lehrer waren nicht hart mit mir umgegangen, aber es blieb noch die Reaktion meiner Eltern abzuwarten. Davor fürchtete ich mich am meisten. Man entließ mich nach Hause mit der Auflage, meinen Vater in die Schule zu schicken.

Vater war erstaunt: „Was hast *du* denn angestellt?"

Er erhielt aber keine vernünftige Antwort von seiner schuldbewusst dreinblickenden Tochter und machte sich also auf den Weg in die Schule. Als er zurückkam, sah ich an seinem finsteren Gesicht, dass er sehr verärgert war. Nachdem er sich mit Mama kurz beraten hatte, riefen die beiden mich zu sich und nahmen mich ins Kreuzverhör. Das Ergebnis – ich brach in Tränen aus.

Völlig unerwartet – so etwas kannte ich von ihm gar nicht – zog Vater mich in seine Arme und streichelte mir beruhigend über den Kopf: „Ist ja gut, ist ja gut. Jetzt weine doch nicht. Aber versprich uns, dass du so etwas nie wieder tust." Ich versprach es, heftig mit dem Kopf nickend und schluchzend. Dann sagte mir mein Vater Folgendes: „Wenn du wieder einmal jemandem deine Meinung unbedingt schriftlich sagen willst, dann hab' auch den Mut, mit dem eigenen Namen zu unterschreiben." Das saß. Plötzlich rückte meine Aktion in ein ganz anderes Licht. Ich begriff, was ich da angerichtet hatte, wie falsch und vor allem wie feige es war. Ich schämte mich in Grund und Boden und dieses Erlebnis hat sich als eins der peinlichsten in meinem Gedächtnis abgespeichert. Das Gute daran – es war mir eine Lehre und Vaters Worte trugen Einiges dazu bei.

Das rote Tuch habe ich nicht lange um den Hals binden dürfen – noch im selben Schuljahr polten meine Eltern unerwartet auf ‚streng' um und verboten mir, es zu tragen. Der Grund war mir damals unbekannt. Vermutlich war in der Baptisten-Gemeinde beschlossen worden, dass alles, was in die kommunistische Richtung ging, das Werk des Teufels sei.

(Zur Information: Den Baptisten im Dorf war es nicht erlaubt, sich zu versammeln und Gottesdienste abzuhalten. Dafür hätten sie ihre Gemeinde erst offiziell registrieren lassen müssen, was sie lange nicht tun wollten, weil sie befürchteten, dass die Behörden sie dann kontrollierten. Sie trafen sich also heimlich, jedes Mal bei einem anderen Mitglied. Irgendwann – viel später – lenkten sie doch ein und bekamen infolgedessen die Genehmigung, ein Gemeindehaus zu bauen und einzurichten).

Nun hatte ich ein Problem, denn als Pionier war ich verpflichtet, in der Schule das Halstuch zu tragen. Mir blieb nichts anderes übrig als zu ‚tricksen' – ich ging brav ohne Halstuch aus dem Haus, band es aber vor der

Schule um. Die gleiche Prozedur wiederholte ich, nur in umgekehrter Reihenfolge, wenn die Schule aus war.

So endete, kaum dass sie begonnen hatte, meine politische Karriere. Es versteht sich von selbst, dass mir später von den Eltern ebenso untersagt wurde, in den Komsomol einzutreten (deutsch: „Kommunistischer Jugendverband"). Besonders böse drum war ich allerdings nicht.

Die 3. Klasse + die 1. Klasse (die Reihe vorn, sitzend). Rosa Schütz – ganz rechts stehend – ohne Halstuch (da war es mir schon von den Eltern verboten).

Das böse Kind

Meine Aktion in der dritten Klasse hatte sich natürlich herumgesprochen. Was die Leute darüber dachten, wusste ich nicht, aber ich bemerkte die Missbilligung in den Blicken des einen oder anderen Erwachsenen. In einem Fall bekam ich die Verachtung besonders zu spüren.

Eines Sonntags fuhren meine Eltern in ein benachbartes Dorf, um Bekannte zu besuchen (vielleicht waren es auch Vaters entfernte Verwandte). Meine kleine Schwester und mich nahmen sie mit. Vater besaß zu dieser Zeit bereits das Motorrad mit Beiwagen. Die Mutter mit der sechsjährigen Erna bekam den bequemeren Platz im Beiwagen, ich thronte auf dem Beifahrersitz.

In dem fremden Haus verhielten wir beiden Mädchen uns ganz artig, wie es sich gehörte. Die Erwachsenen redeten miteinander, wir saßen daneben, hörten zu und langweilten uns. Wie und warum auch immer kamen sie auf das Thema Haustiere. Da sagte Vater fast wortwörtlich: „Ich musste unseren Hund mit der Flinte erschießen. Die Kleine hatte ihn den großen Jungs zum Quälen gegeben und die haben ihn so sehr verletzt, dass mir nichts anderes übrigblieb …“

Zwei Paar Augen schauten mich entsetzt an …

Dann erhob sich die Frau des Gastgebers und ging wortlos aus dem Zimmer. Kurz darauf kehrte sie zurück und reichte meiner Schwester eine Handvoll Süßigkeiten. Demonstrativ! Mich ignorierte sie vollkommen. Mir war sofort klar, was da gespielt wurde. Ich fühlte mich erniedrigt, wie angespuckt, wusste jedoch nicht, wie ich mich verhalten sollte. Ich konnte doch nicht einfach den Mund aufmachen und sagen: ‚Leute, das ist ein Irrtum, das war ich nicht! Vater hat gesagt ‚die Kleine' und damit hat er nicht mich, sondern meine *kleine Schwester* gemeint. Die hat Strelka verraten!' Nein, das konnte ich nicht sagen, denn Vater hatte mich ja nicht direkt beschuldigt. Aber ich spürte, dass die Gastgeber mich für ein sehr böses Kind hielten; war ich doch diejenige, die 'schlimme Sachen' anstellte. Zutiefst gekränkt, stand ich ohne ein Wort auf und ging aus dem Haus. Auch demonstrativ! Ich setzte mich wieder auf den Sozius (nicht mal im Beiwagen wollte ich es mir bequem machen) und harrte da solange aus, bis der Besuch zu Ende war.

Ob meine Eltern – vor allem Vater – sich ihres Fehlers bewusst waren? Ob es womöglich Absicht war? Ob sie vielleicht doch noch während meiner Abwesenheit die Angelegenheit gerade rückten? Das erfuhr ich nie.

Meine Schwester möchte ich hiermit keinesfalls schlecht machen. Sie war erst sechs Jahre alt und mit Sicherheit wusste ‚die Kleine' nicht, was mit dem armen Hund passieren würde.

Fernsehen

In unserem Dorf gab es die ersten Fernseher Anfang der 60er Jahre. Den allerersten besaß mein Cousin, der schon verheiratet war. Dieser Apparat war ein wahres Wunder und zog natürlich alle magisch an. Abends versammelten sich in Pauls Wohnzimmer diejenigen (Nichtgläubigen wohlgemerkt!), die gerade Zeit hatten, und schauten gespannt dem Treiben auf dem kleinen Bildschirm zu.

Da es die Phase war, in der meine Eltern nicht ganz so streng mit uns Kindern umgingen, durfte ich oft mit fernsehen. Es spielte nicht einmal eine Rolle, ob die Sendungen überhaupt für Kinder geeignet waren. Daran dachte keiner. So sah ich einmal einen Film mit an, den ich als siebenjähriges, noch dazu depressives Kind besser nicht hätte sehen sollen. Mir fällt sogar noch der Titel ein: „Mamlük“. Es ging um das Schicksal zweier georgischer Jungen, die entführt worden waren und in fremden Ländern aufwuchsen – einer als Sklave, der andere als Krieger. Es waren außer ergreifenden auch genügend Gewaltszenen darunter. Am Ende fanden beide als Erwachsene auf dramatische Weise den Tod. Mich deprimierte das Geschehen sehr, sodass es mich noch lange Zeit danach beschäftigte.

Übrigens musste man für die ersten Fernseher ein zusätzliches Gerät haben – einen Transformator (später Stabilisator) – und immer wieder die Stromspannung korrigieren.

In meinem Elternhaus gab es weder früher noch später einen Fernseher; nach strengen Baptistenregeln war das (wie so vieles andere) nicht erlaubt.

Auf dem Schulhof

Da gibt es eine Episode, die ich noch gut in Erinnerung habe. Sie zeigt, dass ich trotz meiner Schüchternheit bereit war, mich für andere einzusetzen. Sie zeigt auch noch etwas viel Tiefgründigeres, das ich erst jetzt verstehen kann. Es war, glaube ich, in der sechsten Klasse. Auf dem Schulhof bekam ich mit, wie ein älterer Schüler ein Mädchen an die Wand drängte, an ihr herumfummelte und zweideutige Sprüche losließ.

Das Gesicht des Mädchens war ganz rot – ängstlich und beschämt zugleich. Die Jungs rundum beobachteten die Szene sehr interessiert, die Mädchen schauten verlegen weg. Nur die schüchterne Rosa trat vor, schubste den großen aufdringlichen Kerl zur Seite und schrie, er solle das Mädchen in Ruhe lassen.

Verdutzt drehte der Junge sich zu mir um, sagte, das gehe mich überhaupt nichts an, marschierte dann aber fluchend davon. Was war das für ein wundervolles Gefühl! Ja, ich habe ihn verjagt! Ja, er ist weg!

Tante Rosa

Meinen Namen habe ich meiner Tante mütterlicherseits zu verdanken. Sie war praktisch die Hebamme, die mir auf die Welt half. Ich wurde nicht im Krankenhaus, sondern zu Hause geboren, zu welcher Tageszeit ist mir zwar nicht bekannt, aber ich weiß, dass Tante Rosa die Geburt begleitete und Mutter und Kind die ersten Tage betreute.

Tante Rosa war eine bemerkenswerte Frau. Sie las viel und obwohl sie keine Ausbildung besaß, interessierte sie sich besonders für Medizin. Gegen jedes Leiden hatte sie ein passendes Mittel oder erteilte einen nützlichen Rat. Oft nahm sie mich zum Kräutersammeln mit. Die getrockneten Blätter wurden dann von ihr gegen allerlei Krankheiten verwendet – nicht nur für den eigenen Bedarf.

Ich erinnere mich noch gut, wie ich ihr half, Kamillenblüten zu pflücken und an den Duft des daraus gebrühten Tees.

Ich hatte meine Tante gern. Bloß eins mochte ich nicht – bei ihr übernachten. Manchmal war ihre Tochter nicht da, mit der sie in einem Haus wohnte, und sie musste die Nacht allein verbringen. Davor fürchtete sie sich.

Eine Übernachtung in Tante Rosas Haus hat sich besonders in mein Gedächtnis eingeprägt. Das Bett, in dem ich schlief, genauer gesagt schlafen sollte, stand ihrem Bett gegenüber. Ich hatte die ganze Nacht kein Auge zugemacht, lag hellwach und lauschte den Geräuschen – Tantes gelegentlichem Schnarchen, dem unheimlichen Knacken irgendwo in den Wänden, den Tierlauten aus dem Stall. Zusätzlich hatte ich die ganze Zeit den äußerst unangenehmen Geruch der neuen wattierten Matratze in der Nase. Ich war vielleicht neun Jahre alt und das alles war eine Qual für mich.

Als ich endlich die ersten Vögel den Morgen begrüßen hörte und sah, dass es draußen allmählich hell wurde, stand ich leise auf, zog mich an und ... weg war ich.

Unser Haus befand sich in der gleichen Straße. Erleichtert atmete ich die morgendliche, frische Luft ein und war froh, wieder frei von der nächtlichen Verpflichtung zu sein. Mein eigenes Bett, auch wenn ich es mit der drei Jahre jüngeren Erna teilte, war mir viel lieber.

Ich glaube, das war auch die letzte 'Wache' bei Tante Rosa. Als ich das nächste Mal wieder 'dran' war, versteckte ich mich einfach rechtzeitig und ließ mich erst wieder blicken, als die Tante schon gegangen war. Meine Mutter schimpfte arg, aber sie schickte mich erstaunlicherweise ihrer Schwester nicht hinterher.

Am Baggersee

‚Das sibirische Dorf Schönfeld liegt – wie könnte es anders sein – an einem schönen kleinen See'.

Dieser Satz als Beginn einer Erzählung wäre sicher nicht der schlechteste. Ich hätte die Geschichte auch gern so begonnen, nur traf ‚See' nicht wirklich zu, denn es gab kein natürlich entstandenes Gewässer in Dorfnähe, dafür ein ziemlich großes künstliches – einen Baggersee. Also lautet der Titel ziemlich prosaisch „Am Baggersee".

In Russland nennt man eine durch Bagger ausgehobene Wassergrube Kotlovan. Ich kann mir meine Kindheit ohne diesen Baggersee nicht vorstellen. Wenn ich an das Dorf denke, dann sehe ich vor meinem inneren Auge unweigerlich auch den Kotlovan, der direkt hinter unserem Kartoffelacker lag, höre das Schreien, Lachen und Plätschern – die vertrauten lebhaften Laute der badenden Kinder, wie sie in jedem Freibad zu vernehmen sind.

Ach, war das ein Vergnügen, nach ermüdender Gartenarbeit ins kühle Wasser zu springen und mit den anderen herumzutollen.

Der Kotlovan wurde nicht nur zum Baden genutzt. Die Dörfler holten daraus Wasser, um das Vieh zu versorgen und die Gärten zu gießen. Autos wurden am Ufer gewaschen und abends – wenn das Gewässer ruhig dalag – konnte man sogar angeln, weil es darin viele

Karauschen gab. Sogar ich angelte manchmal mit meinem älteren Bruder Jakob, nur benutzte ich als Köder kleine Teigkügelchen – die Regenwürmer waren mir zu eklig. Im Winter, sobald sich eine dicke Eisschicht gebildet hatte, verwandelte sich der Baggersee in einen herrlichen Platz für Hockeyspieler und Schlittschuhläufer.

Wie ein echter See, hatte der Kotlovan auch seine Geschichte, seine Besonderheiten und seine Tragödien. Interessanterweise war er nach ungeschriebenen Regeln aufgeteilt. Das Dorf selbst war ja damals nicht groß und in Form eines T aufgebaut.

Jedes T-Ende hatte seine eigene Kotlovan-Ecke zum Baden, die freie vierte stand gewöhnlich den Anglern zu Verfügung.

Unter den jüngsten Schönfeldern machten oft Gruselgeschichten die Runde, zum Beispiel, dass es im Kotlovan eine Stelle gäbe – unweit des Ufers – an der man sich lieber nicht aufhalten, schon gar nicht darüber schwimmen solle. Dieser sogenannte Omut (übersetzt – in etwa Sumpf) sei unendlich tief und die starken Unterwasser-Strudel zögen jeden hinunter – in die Gesellschaft zahlreicher grässlicher Wasserleichen.

Aber eine Tragödie ist dem See leider wirklich zuzuschreiben.

Ich war damals sieben oder acht Jahre alt und bekam die entsetzten Schreie der Badenden schon aus der Entfernung mit. Ein fünfzehnjähriges Mädchen war nicht mehr an die Oberfläche gekommen, nachdem es jauchzend ins Wasser gesprungen war. Ich kann nicht sagen, wie lange es dauerte, bis die Erwachsenen das Mädchen fanden und herausholten, aber es war zu spät. Man sagte, dass sein Herz stehengeblieben sei. Es war – noch erhitzt von den Gartenarbeiten – sofort ins kalte Wasser gesprungen. Das Mädchen stammte nicht einmal aus unserem Dorf, sondern war bei seinen Verwandten zu Besuch. Nach diesem tragischen Unfall achtete ich immer darauf, nicht zu schnell die Grenze zwischen der trockenen Hitze und dem kalten Nass zu überschreiten.

Eine Prüfung – eine sehr ernste – hielt der Baggersee auch für mich bereit.

Wenn ich mich richtig in der Zeit bewege, geschah dies 1969 (ich war also 15 Jahre alt) an einem heißen Sommertag. Übers Wochenende besuchten uns meine Schwester Aneta mit ihrem kleinen Sohn. Darüber freute ich mich sehr, denn Aneta verbreitete stets eine lebendige Atmosphäre in unserem Haus. Wenn sie erschien, waren Spaß und Lachen und fröhliches Tun angesagt.

An diesem Tag nun gingen wir zu mehreren baden. Ich weiß gar nicht mehr, wer alles dabei war, wahrscheinlich auch welche vom anderen Straßenende, denn unser Weg endete an der gegenüberliegenden, an der ‚falschen' Kotlovan-Ecke. Es herrschte eine vergnügliche, heitere Stimmung. Die meisten spielten ausgelassen Wasserball. Mein Neffe, der noch nicht schwimmen konnte, saß auf einem Floß, das unweit des Ufers auf den Wellen schaukelte. Ich befand mich ein wenig abseits des Trubels und wollte mich eben gleichfalls ins Getümmel stürzen …

Im letzter Sekunde jedoch schaute ich mich nochmals um und was ich sah, ließ mein Blut in den Adern gefrieren: Das Floß war leer. Zeitgleich erblickte ich daneben zwei kleine Hände, die aus dem Wasser ragten und sich auf und ab bewegten. Offenbar war der Sechsjährige vom Floß heruntergesprungen, weil er annahm, dass das Wasser flach genug für ihn sei.

Um die zwanzig Meter trennten mich von dem Jungen. Ich reagierte, ohne nachzudenken – mein Instinkt übernahm die Führung und traf für mich die Entscheidung. Ich geriet nicht in Panik, begann nicht zu schreien oder um Hilfe zu rufen. Ich schwamm einfach los, so schnell ich nur konnte. Die Entfernung zu überwinden, dauerte nur einige Sekunden, für mich fühlten sie sich dennoch wie eine Ewigkeit an. Ich ließ die kleinen Hände nicht aus den Augen. Als ich sie erreichte – das Wasser stand mir noch bis zum Hals – hob ich den Jungen rasch empor und blickte direkt in seine schreckgeweitete Augen. Zum Glück hatte er noch kein Wasser eingeatmet. Wahrscheinlich hatte ich mich im entscheidenden Augenblick nach ihm umgewandt – unmittelbar nachdem er vom Floß rutschte.

Der Junge klammerte sich stumm an mich und ich trug ihn aus dem Wasser. Keiner der Badenden bekam etwas von alledem mit. Auch wir beide erzählten es niemandem, nicht einmal miteinander sprachen wir darüber. Ich wickelte ein Handtuch um den Kleinen und so saßen wir nebeneinander auf dem Gras und beobachteten schweigend das Treiben der anderen Kinder und

Erwachsenen. Weder er noch ich gingen an diesem Tag nochmals ins Wasser.

Erst nach einer Weile wurde mir die Tragweite dessen bewusst, was da eben passiert war. Furcht und Zweifel an mir selbst beschlichen mich. Hatte ich mich falsch verhalten? Was wäre geschehen, wenn ich den Jungen aus den Augen verloren oder wenn er Wasser eingeatmet hätte, ehe ich ihn erreichen konnte? Was, wenn ich ihn im Wasser nicht gefunden hätte und er ertrunken wäre?

Ich spielte das Szenarium auch in der nachfolgenden Zeit in Gedanken immer wieder durch, jedes Mal mit einem anderen schrecklichen Ausgang, von dem ich wusste – er hätte unser aller Leben verändert und das Anetas zugrunde gerichtet, denn der Kleine war ihr Ein und Alles. Meine Qual war groß, bis ich eines Tages mir selbst sagte: 'Schluss jetzt! Du hast das Kind gerettet, daran gibt es nichts zu bezweifeln. Der Junge ist nicht ertrunken, er hat auch keinen Schaden davongetragen. Und es ist auch gut, dass seine Mutter nichts von all dem weiß, sonst hätte sie sich ebenso gequält wie du es jetzt tust ... Alles ist gut. BASTA!' Von da an fühlte ich mich besser und hatte mit dieser Sache im positiven Sinn abgeschossen,.

Mein Neffe ist mittlerweile dreiundfünfzig Jahre alt und Vater von vier Kindern. Ob er sich noch an diesen Vorfall erinnert? Ich habe ihn nie darauf angesprochen, allerdings seiner Mutter vor wenigen Jahren das Ereignis geschildert. Ich glaube, Aneta wusste gar nicht so recht, ob sie sich über die geglückte Rettung einfach nur freuen oder nachträglich noch entsetzt sein sollte über das, was hätte sein können …

Nachtrag:

„Als kleiner Junge war ich einmal am Teich, den alle Dorfbewohner ‚Kotlovan' nannten. Das Wetter war wunderschön. Ich saß auf einem Floß. Alle anderen waren im Wasser. Nach einer Weile wurde mir so was von langweilig! Auf der anderen Seite des Teiches spielten im Wasser die älteren Jungen aus dem Dorf. Ich wollte auch wieder ins Wasser und sprang vom Floß herunter. Unter meinen Füßen spürte ich den Boden und ließ deshalb das Floß los … Auf einmal verschwand der Boden unter mir und ich rutschte in die Tiefe. Ich bewegte stark meine Arme und Beine und schaffte es, meinen Kopf wieder über Wasser zu halten. Ich sah, dass ein Junge von der anderen Seite losgeschwommen war, um mir zu helfen. Und wo war das Floß? Ich sah es nicht! 'Ich muss mich nur einmal drehen, dann schaffe ich es wieder da drauf', dachte ich und versuchte, mich im Wasser umzuwenden, Das gelang mir aber nicht und ich sank wieder unter die Oberfläche. Ich machte schnelle Bewegungen mit Beinen und Armen und bekam meinen Kopf erneut übers Wasser. Ich sah das Floß noch immer nicht, dafür aber den Jungen, der (würde ich heute schätzen) ca. zwanzig Meter weit von mir entfernt war und auf mich zu schwamm. Er rief etwas, ich verstand es nicht. Abseits sah ich plötzlich Tante Rosa. Danach verlor ich wiederum die Kontrolle über mich und ging erneut unter. Ich

hatte keine Kraft mehr ... Auf einmal packten mich zwei starke Hände, zogen mich hoch und schon befand ich mich in den Armen meiner Tante.

Der Junge, der mir helfen wollte, saß nun selbst auf dem Floß und beobachtete das Ganze. Ich war völlig fertig und ging danach nicht mehr ins Wasser. Am nächsten Tag traf ich den Jungen im Dorf. Er sagte, er habe von Anfang an alles beobachtet. „Du standest wohl auf einem Stein und bist von ihm abgerutscht. Du hättest nur deine Arme anders bewegen sollen, dann hättest du dich über Wasser halten können." Dann zeigte er mir ein paar Bewegungen. Der Junge war ungefähr elf oder zwölf Jahre alt. Ich kannte ihn nicht und habe ihn auch nie mehr gesehen."

Das ist die Sicht meines Neffen, die er für mich aufgeschrieben hat. Wie man merkt, hat er alles sehr lebhaft in Erinnerung behalten. Wir redeten also doch noch über das vor vielen Jahren Erlebte ...

Meine Mutter ...

Warum fällt es mir so schwer, über sie zu schreiben? Vielleicht, weil ich erst siebzehn Jahre alt war, als sie starb? Weil sie nie etwas über sich erzählt hatte? Weil sie unglücklich war? Weil sie so unnahbar war und die Liebe zu ihren Kindern nie richtig zeigen konnte? Weil ich mich schuldig fühle ihr gegenüber?

Jede dieser Fragen hat ihre Berechtigung und alle münden letztendlich in einem Knäuel, das wahrscheinlich nur meine Mutter hätte entwirren können. Wenn sie denn noch lebte. Aber sie ist seit vierzig Jahren unter der Erde.

Ich will ihr Leben ein wenig aufleuchten lassen, es aus dem Dunkel hervorholen und sichtbar machen – für einen kurzen Augenblick.

Ida wurde am 11. Februar 1913 in der Nähe von Odessa geboren. Sie war das fünfte der sechs Kinder von Johann und Margarita Hetterle.

Die wohlhabende Familie besaß einen kleinen Bauernhof, zudem war Johann ein angesehener Prediger in der Baptisten-Gemeinde des Dorfes. 1933 kam es, wie es kommen musste – die Sowjets enteigneten ihn als Kulak und damit nach ihrer Ideologie als Feind des Volkes. Man nahm den auf diese Weise gebrandmarkten Menschen alles weg, bis auf wenige Sachen, die sie im Gepäck haben durften, und deportierte sie nach Sibirien.

Johann und Margarita Hetterle

Margarita Hetterle mit Töchtern Aneta (l.) und Ida, meiner Mutter

So kamen die Hetterles nach Schönfeld im Omsk-Gebiet. Wenigstens in einem hatten sie Glück – das Dorf war auch von Deutschen besiedelt, die sie herzlich aufnahmen und unterstützten.

Ida war zu diesem Zeitpunkt zwanzig Jahre alt. Was mag sie während der leidvollen Reise in das kalte Land gedacht haben, was fühlte sie? Ich hätte es gerne gewusst. Eins ist mir allerdings bekannt – meine Mutter begegnete im Zug einem jungen Mann. Die Gefühle füreinander hatten jedoch nicht viel Zeit zu reifen, und so wurde die lange Zugfahrt für Ida wahrscheinlich zu einer der intensivsten, aber kürzesten glücklichen Zeiten in ihrem Leben. Am Fahrtziel angekommen, stieg sie aus, während der junge Mann – ebenfalls ein Vertriebener – weiterfahren musste, zu seinem eigenen Bestimmungsort. Beim Abschied schenkte er Ida eine kleine Schatulle, die sie noch lange aufbewahrte.

Diese Liebe hatte keine Zukunft. Ein Wechseln des Wohnsitzes war den Deportierten nicht erlaubt. Nur mit schriftlicher Genehmigung durfte man das Dorf verlassen, sei es auch, um lediglich in die nächste Siedlung zu gelangen. Erst 1956 wurde diese Meldepflicht für die deutsche Bevölkerung Russlands aufgehoben.

Im Februar 1935 heiratete Ida den zwei Jahre jüngeren Jakob Schütz. Liebe war es nicht, in diesem Punkt waren wir sieben Kinder uns einig. Sie nahm ihn zum Ehemann, weil ... Ja, warum eigentlich?

Ida und Jakob Schütz

Diese Frage kann ich nicht wirklich beantworten. Ich weiß nur, dass der Vater meine Mutter lange umwarb und sogar drohte, sich umzubringen, falls sie ihn nicht heiratete. Spielte diese Drohung in ihrer Entscheidung für ein Leben mit ihm eine Rolle?

Heiraten, Kinder gebären – das war für sie der vorgegebene Weg. Mein Verstand und mein Instinkt sagen mir in dieser Hinsicht, dass sie, hätte es sich vermeiden lassen, nie so viele Kinder bekommen hätte. Aber in diesen Prozess einzugreifen, war damals unmöglich und das bedarf auch keiner Erklärung.

Im Grunde war das gesamte Leben der Deutschen vorprogrammiert, Schicksalsschläge gleich inbegriffen. Im Juli 1937 erfolgte er auch schon – der nächste schwere Schlag. Mein Großvater, dessen ältester Sohn (Mamas Bruder) sowie acht weitere deutsche Männer aus dem Dorf wurden als Verräter verhaftet. Man riss sie nachts aus dem Schlaf und brachte sie fort. Für immer. Es gab keine Erklärung, keine Anklage, kein Gerichtsverfahren – nichts. Alle Erkundungen von Seiten der Familie stießen auf eine Mauer des Schweigens, und zu oft Fragen stellen war bekanntlich sehr gefährlich in diesem Land.

Erst 1989 bekam mein Bruder auf die erneute Anfrage eine Antwort von der Staatsanwaltschaft (deutsche beglaubigte Übersetzung):

Auf Ihre Anfrage bezüglich des Schicksals Ihres Großvaters hin teile ich Ihnen mit: Auf Anordnung der Troika des UNKWD für das Gebiet Omsk vom 17.11.37 ist

IWAN HETTERLE, geboren 1871, erschossen worden. Auf Anordnung des Präsidiums des Gebietes Omsk vom 29.01.58, auf den Protest des Gebietsstaatsanwalts hin, ist die Anordnung der Troika aufgehoben worden und der Strafprozess eingestellt, da keine Straftat vorlag. Die Bescheinigung über die Rehabilitierung können Sie beim Versorgungsdienst erhalten.

Dieses Schreiben benötigt wahrhaftig keinen Kommentar, der Inhalt der nüchternen Zeilen spricht für sich selbst. Bemerkenswert – Johann Hetterle wurde bereits 1958 rehabilitiert, die Familie zu benachrichtigen hielt man jedoch für überflüssig.

1941 brachte der Zweite Weltkrieg den Menschen weiteres Leid. Die Dorfbewohner deutscher Abstammung waren als Soldaten nicht akzeptabel – man befürchtete ein Überlaufen zu den Faschisten. Für sie (junge Frauen eingeschlossen) gab es etwas viel Passenderes – die 'Arbeitsarmee'. Im Grunde entsprach sie einem KZ, mit Hunger, Misshandlungen und schwerster Arbeit.

Im November 1942 war Jakob Schütz an der Reihe. Ida blieb mit den Kleinen Lilli und Ewald und schwanger mit Aneta allein zurück.

Der Krieg war schon längst zu Ende, die Zwangsarbeit jedoch nicht. Erst im Oktober 1949 wurde mein Vater entlassen. Eine Bemerkung am Rande: Jakob erhielt in diesen sieben Jahren einmal Urlaub und zwar 1946. Neben der Freude des Wiedersehens, wurde dies zu einem Grund weiteren Kummers für seine Frau, denn – wie konnte es auch anders sein? – sie wurde schwanger und gebar im Juli 1947 Ida. Die Kleine und Aneta hatten es besonders schwer in der Familie. Jakob konnte – infolge seiner erzwungenen Abwesenheit – nie eine richtige Vater-Tochter Beziehung zu den beiden aufbauen. Sie waren für ihn immer so etwas wie ungeliebte Stiefkinder.

Nach Ida folgte 1951 Jakob und am 31. März 1954 erblickte ich die Welt – das vorletzte Kind. Als im Oktober 1957 Erna geboren wurde, war unsere Mutter 44 Jahre alt.

In meiner Erinnerung ist Mama eine bescheidene, ruhige, sogar etwas schüchterne Frau, die zudem oft traurig war (depressiv?). Ich rufe mir ihre leise Stimme ins Gedächtnis, höre, wie sie gebrochen Russisch spricht, und sehe sie vor mir, ein wenig nach vorn gebeugt, die dunkelblonden Haare im Nacken zu einem Knoten geschlungen, die Arme vor der Brust verschränkt.

Sie beklagte sich nie, versuchte ihr Leben auf die Reihe zu kriegen, so gut es eben ging. Das gelang nicht immer, das Leben war oft unerträglich. Aber es musste weitergehen, auch wenn das nächste Unheil nicht allzu lange auf sich warten ließ.

1958 wurde mein Vater aufgrund falscher Anschuldigungen (es fehlte in der Kolchos-Kasse ein beträchtlicher Geldbetrag) zu acht Jahren Haft verurteilt. Mama blieb wieder allein mit den Kindern. Aber diesmal siegte die Gerechtigkeit: Nach ca. acht Monaten kam die Wahrheit ans Licht. Jakob Schütz wurde in allen Punkten der Anklage freigesprochen und sein Vorgesetzter (der wirklich Schuldige) musste mit ihm den Platz hinter Gittern tauschen.

War Ida eine gute Mutter? Das ist eine schwere Frage, auf die ich, wenn ich ganz ehrlich bin, eher mit Nein antworten möchte. Meine Geschwister würden diese Aussage wahrscheinlich ganz und gar nicht gut heißen, obwohl ich denke, dass es ihnen ähnlich erginge. Ich will ja auch ausschließlich für mich allein sprechen.

Ja, sie hat uns geboren – gewollt oder ungewollt; sie hat uns ernährt und selbst gehungert, wenn das Essen für alle nicht reichte; sie hat auf uns aufgepasst, uns gehütet. Darin war sie untadelig. Dennoch – obwohl ich eine Mutter hatte, fehlte sie mir, wenn damals auch mehr unbewusst. Von klein auf war ich mir selbst, meiner eigenen und der Welt da draußen hilflos überlassen. Ich kann mich an kein einziges Mal erinnern, dass sie mich gefragt hätte, wie es mir ginge, warum ich traurig sei, was mich bedrückte. Sie redete nie mit mir, außer, es ging um sachliche Dinge, nahm mich nie in den Arm, hat mich nie getröstet. Ich war ein stilles und depressives Kind, machte kaum Schwierigkeiten, und wenn ich trotzdem ab und zu meinen Willen durchsetzte (manchmal musste das einfach sein), dann weinte sie. Das war sehr schlimm für mich – meine Mutter wegen mir weinen zu sehen.

Als ich älter wurde und mein Körper sich formte, schämte ich mich deswegen und wusste nicht, wie ich Mama beibringen soll, dass ich einen Büstenhalter brauche. Meine Schwester Ida merkte meine Not und kaufte mir einen. Und ebenso war es Ida, die mich über die Regeltage aufklärte, gerade noch rechtzeitig ...

Mit dieser ‚blutigen' Angelegenheit hatte ich dann ganz alleine zu ‚kämpfen' – Monat für Monat, egal wie verzweifelt und hilflos ich manchmal war.

Aber meine Mutter konnte auch anders sein. Ich erinnere mich deutlich an eine Nacht, als ich krank war. Im Vorschulalter hatte ich manchmal seltsame Anfälle. Gewöhnlich spürte ich schon am Abend, dass es wieder soweit war – ich fror und zitterte am ganzen Körper. Nachts hatte ich dann Halluzinationen.

In dieser bewussten Nacht sah ich lauter Kühe um mich herum, genauer gesagt, deren Miniaturausgaben. Sie waren überall – auf dem Schrank, dem alten Harmonium, auf meiner Decke; sie muhten und schauten mich mit ihren großen, traurigen Augen an. Ich schrie und weinte und bat Mama, die Tiere wegzujagen. Sie saß an meinem Bett, streichelte mir über den Kopf, versicherte mir immer wieder, dass keine Kühe im Zimmer seien, dass ich bloß träume. Meine Sinneswahrnehmungen waren total gestört. Die gegenüberliegende Wand rückte an mich heran, presste sich an mein Gesicht, verschmolz fast mit ihm, während ich Mama ganz weit in der Ferne sah. Es war qualvoll. Aber ich nahm auch sehr wohl wahr, dass meine Mutter bei mir saß.

Im letzten Jahr ihres Lebens war sie sehr krank und ans Bett gefesselt. Trotzdem konnte ich die Schule ordnungsgemäß beenden. Um die Kranke kümmerten sich meine Schwester Lilli, die mit ihrer Familie im selben Dorf wohnte, und die 14-jährige Erna, die noch die Schule im benachbarten Dorf besuchte. Ich lebte ja die Woche über in Moskalenki und kam nur am Wochenende nach Hause. Im Sommer übernahm ich dann die Pflege.

Es war eine schwere Zeit. Mamas Leiden, ihre Hilflosigkeit und zunehmende Verwirrung, die Ungewissheit, was geschehen werde – all das machte mir ungeheuer zu schaffen.

Warum brachten wir Mutter nicht ins Krankenhaus? Nun, sie war mehrmals in stationärer Behandlung. Dennoch wusste niemand von uns, an welcher Krankheit sie litt. Darüber gaben die Ärzte keine Auskunft.

Vater behauptete, sie hätte einen Hirntumor. Mama litt oft unter entsetzlichen Kopfschmerzen, auch die stärksten Medikamente erwiesen sich dagegen als unwirksam. Hatte sie einen solchen Anfall, dann schrie sie unentwegt und wir saßen wie erstarrt da, warteten hilflos, bis die Qualen (auch unsere) ein Ende hatten, bis die Schmerzen nachließen.

Die letzten Wochen vor ihrem Tod veränderte sich Mama, schien gelassener zu werden. Eine Episode ist mir in Erinnerung geblieben: Ihr Bett stand in der 'guten Stube' am Fenster. Ich fütterte sie gerade, als jemand an die Scheibe klopfte.

Es war Shenja – mein Freund. Unsere Beziehung dauerte erst einige Wochen. Er war mein Physik-Lehrer und meine große Liebe. Jewgenij Wladimirowitsch nannten die Schüler ihn. Hier in Deutschland war er später für alle der sympathische Eugen Ananitschev. Wie wir zueinanderfanden, ist eine längere Geschichte ...

Jedenfalls kam er ein paar Mal in diesem Sommer ins

Dorf, um sich mit mir zu treffen. Meine Mutter wusste nichts von dieser Beziehung und blickte fragend zu mir hoch. „Wer ist das?"

Ich zögerte, unsicher, ob ich es ihr sagen sollte. Womöglich würde die Sache sie beunruhigen. Ich entschied mich jedoch für die Wahrheit und erwartete schon eine heftige Reaktion. Sie sah mich aber nur mit einem seltsamen, warmen Lächeln an, das mich tief berührte. Es war wie ein Segnen, ein lieben und leben lassen. So habe ich es damals empfunden. Mir schien, sie freute sich für mich. Vielleicht dachte sie an den jungen Burschen im Zug vor vielen Jahren, an ihre Liebe, die kaum entstanden, auch schon im Keim erstickt worden war.

Einige Tage später hörte ich sie nach mir rufen. Zeitgleich stürzte Vater eilig aus ihrem Zimmer und aus dem Haus. Völlig aufgelöst und weinend sagte Mama, Jakob sei grob zu ihr.

Vielleicht war es so, wahrscheinlich sogar, aber nicht das erschütterte mich zutiefst, sondern die Art, wie sie sprach – kaum vernehmbar, undeutlich, das Gesicht seltsam verzogen, ein Auge starr auf einen Punkt gerichtet. Erst allmählich begriff ich, dass Mama einseitig gelähmt war. Das Bewusstsein entglitt ihr immer mehr, zwei Tage später war sie nicht mehr ansprechbar und fiel ins Koma. Sie lebte noch eine Woche und starb am 20. August 1971 im Alter von 58 Jahren.

Ich war dabei, als es zu Ende ging, und sah mit an, wie sie immer mühsamer tief und geräuschvoll Luft holte, als wolle sie sich noch mit aller Kraft an dieser Welt festhalten. Dann wurden die Atemzüge immer spärlicher, immer mehr Sekunden verstrichen dazwischen, dann der letzte, und Stille trat ein …

Mamas Leichnam wurde zu Hause aufgebahrt, wie das so üblich war, und mit Eisbrocken umlegt. (Für diese Fälle und andere Notwendigkeiten gab es im Dorf einen Eisberg, im Winter hergestellt und im Sommer sorgfältig mit einem dicken Strohmantel bedeckt). Es war ebenso üblich, dass die Trauerfeier frühestens am dritten Tag nach dem Tod stattfand. Da es weder eine Kapelle noch eine Leichenhalle gab, mussten die Angehörigen bis dahin quasi mit dem Aufgebahrten unter einem Dach leben.

Nachts überkam mich Angst. Meine beste Freundin Frida gab mir Unterstützung, indem sie bei mir schlief. Tagsüber war ich meist abgelenkt, denn es gab viel zu tun. Das Haus war fast immer voll mit Menschen, die kamen und gingen – Familienmitglieder und Verwandte hielten abwechselnd die Totenwache.

Einmal war ich jedoch ganz allein zu Hause und mit Putzarbeiten beschäftigt. Auch im Zimmer, in dem der Sarg stand, musste der Boden gewischt werden. Ich fühlte mich sehr unwohl. Es war so kalt, so unheimlich still im Raum. Ich schaute meiner Mutter ins Gesicht und stellte mir plötzlich vor, dass sie die Augen öffnete …

Ob ich meine Arbeit noch zu Ende brachte, weiß ich nicht mehr, nur, dass ich nach draußen flüchtete, wo es warm war, die Sonne schien und die Vögel zwitscherten.

Wie gern hätte ich in diesen Tagen die Nähe meines

Freundes gespürt, aber ich wusste – er war gerade bei seinen Eltern in Omsk und es gab keine Möglichkeit, ihm eine Nachricht zukommen zu lassen. Dennoch meinte es das Schicksal am Tag der Beerdigung gut mit mir. Ich sah auf einmal, wie er von der Straße in den Hof einbog, zögernd und besorgt angesichts der vielen Menschen. Er ahnte ja nicht, dass er mitten in eine Trauerfeier hineingeriet. Ich war sehr froh über seine Anwesenheit und ließ ihn nicht mehr von meiner Seite.

Als alles vorbei war, wollte ich unbedingt weg; weg vom Friedhofsgeruch, von meinen Geschwistern, von meinem Vater. Shenja und ich gingen aus dem Dorf in den nahen Wald. Ich empfand plötzlich eine enorme Erleichterung, sogar ein Glücksgefühl: Ich war frei! Frei für mein eigenes Leben, frei für die Zukunft, die ich von nun an selbst gestalten konnte. Gleichzeitig entsetzte mich, was ich fühlte. Wie kann ich nur so denken, wo Mama gerade erst begraben worden war! Ich musste doch traurig sein, sie vermissen! Ich weinte.

Es war das erste Mal, dass ich so hemmungslos vor einem anderen Menschen weinte. Alles brach aus mir heraus, die Anspannung der letzten Tage, die Verzweiflung, die Schuldgefühle. Mein Freund redete mir gut zu, dass es normal sei, wenn ich mich nach der Beerdigung erleichtert und sogar glücklich fühle, dass ich diese Gefühle zulassen dürfe, dass ich noch viel Zeit hätte, um zu trauern, dass mich überhaupt keine Schuld träfe. Sieben Jahre älter als ich, war er ein feinfühliger und kluger Mann und seine Worte hatten die Überzeugungskraft, die mich auf magische Weise beruhigte.

Ein Gewitter zog auf. Wir merkten es erst, als es anfing zu donnern. Unter den Birken fanden wir keinen Schutz und wurden völlig durchnässt. Aber der Regen tat mir gut. Er war wie ein erfrischender Zusatz zu meinen bitteren Tränen. Wie ein Abschluss. Es stimmte – ich hatte noch genug Zeit für die Trauer und für Schuldgefühle.

Ich frage mich heute – was bin ich meiner Mutter schuldig geblieben?

Die erste Zeit nach ihrem Tod quälten mich die Gedanken, dass ich nicht genug für sie getan hätte, dass ich es mir, als sie krank war – fern von ihr – hatte gut gehen lassen; dass ich sie zu wenig im Krankenhaus besucht hatte (sie weinte fast die ganze Zeit über und ich konnte das nicht ertragen). Im reiferen Alter machte ich mir Vorwürfe, dass ich nicht versucht hatte, mit meiner Mutter zu reden, sie zu verstehen, Anteil an ihren Gedanken und Sorgen zu nehmen.

Als mein Leben sich so drastisch wandelte, fragte ich mich oft, wie meine Mutter darauf reagiert hätte. Mir wurde schon einmal gesagt, dass sie sich im Grabe umdrehte, wüsste sie, welche Schande ich über die Familie bringe.

Im letzten Sommer hatte ich eine Phase, in der ich mich sehr intensiv mit diesem Thema beschäftigte. Wie so oft, verfolgten mich meine Gedanken auch im Schlaf weiter. Und in einem Traum widerfuhr mir etwas ganz Besonderes: Meine Mutter und ich begegneten einander.

Obwohl mir klar war – sie ist tot, war ich gleichzeitig sicher, dass sie gekommen war, um sich mit mir auszusprechen. Nie zuvor hatte ich in der Realität ein so tiefes, warmes, schönes Gefühl der Nähe und Geborgenheit gespürt. Als ich aufwachte, hätte ich nicht wiedergeben können, was sie mir erzählte. Ich wusste nur, es war bewegend, und auch ich vertraute meiner Mutter alles an, was mir auf dem Herzen lag – alles. Das Wundervollste war – sie fühlte mit mir, sie verstand mich, nahm mich an, wie ich war. Dann tat sie etwas ganz Unerwartetes, was sie zu Lebzeiten nie über sich gebracht hatte ... sie schloss mich in ihre Arme. Wir weinten beide und mit einem Mal wusste ich – Mama hat mich geliebt, immer. Sie hat uns alle geliebt. Alle sieben.

Februar 2012

Jakob Schütz

Meine Vater-Tochter-Beziehung finde ich recht eigenartig. Allein schon, dass ich als Kind den Vater nie ‚Papa' nennen konnte, ist bemerkenswert. Wenn ich ihm etwas sagen wollte, begann ich einfach mit dem Wesentlichen und umging die Anrede. Besonders schwierig (und peinlich!) war es, wenn man mich bat: ‚Ruf doch mal deinen

Vater!' Da ich es nicht schaffte, das Wort Papa! über die Lippen zu bringen, musste ich zu ihm laufen, ihn auf mich aufmerksam machen und ihm dann mitteilen, worum es ging.

Allerdings weiß ich, dass mein Bruder Jakob, der zweieinhalb Jahre älter ist als ich, es ebenso handhabte. Er nannte den Vater einfach ‚du'. Vielleicht war es meinerseits bloß eine Nachahmung?

Überhaupt redeten wir Kinder unsere Eltern unterschiedlich an. Zum Vater sagten die drei Jüngeren (ich eingeschlossen) ‚du', zur Mutter dagegen ‚Ihr'.

Erst als Erwachsene habe ich mich dazu durchringen können, meinen Vater ‚Papa' zu nennen, ich duzte ihn allerdings nicht mehr wie früher, sondern redete ihn höflich mit ‚Ihr' an.

Das alles wäre für einen Psychologen wahrscheinlich hochinteressant, obwohl ich mir darüber auch meine eigenen Gedanken gemacht habe. Ich verstehe diese gewisse Distanz zu meinem Vater so: Sie war da, ganz klar, wie ein Graben zwischen mir und ihm. Aber viel breiter war der Graben auf der anderen Seite – zwischen meiner Mutter und mir. Sie hatte es nicht geschafft, ihn zu überbrücken, mir näher zu kommen, mir beizustehen. Vom Vater kamen gelegentlich Funken herüber; ich aber – in der Mitte zwischen zwei Gräben – ich hätte sie lieber von der mütterlichen Seite gespürt. Ich bin überzeugt, wenn meine Mutter mir die Hand gereicht, mich umarmt und gesagt hätte: ‚Ich bin da für alle deine Sorgen und Nöte' ... wenn sie das getan hätte, dann wäre der andere, der kleinere Graben zwischen mir und meinem Vater ganz von allein verschwunden. Dann wäre ich vielleicht sogar ein glückliches Kind gewesen … zumindest ein glücklicheres.

Wenn man mich gefragt hatte, wer mir denn lieber sei – Papa oder Mama (solche Fragen stellte man damals den Kindern) – war meine Antwort stets: ‚ich habe beide gern'. Im Stillen jedoch gestand ich mir selbst ein, dass ich Mama mehr liebte, obwohl es Vater war, der sich am meisten mit uns Kindern beschäftigte – er las uns aus der Bibel vor, erzählte Märchen, spielte mit uns. Unsere Mutter tat so etwas nicht, sie war ziemlich kühl und unnahbar. Vielleicht war meine Liebe *zu ihr* mehr eine Sehnsucht *nach ihrer* Liebe, Sehnsucht nach Zuneigung?

Viel Zeit hatte Vater für seine Kinder dennoch nicht. Im Dorf gab es Arbeit ohne Ende. Auch in seiner Freizeit hatte er ständig eine Beschäftigung – er half den Nachbarn beim Schlachten und Verarbeiten des Fleisches, bei den Bauarbeiten, reparierte alte Bibelbände, fertigte Butterfässer auf Bestellung oder Holzverzierungen für die Häuser an. Ich liebte es besonders zuzusehen, wenn er im Schuppen Holz bearbeitete und hobelte – wie er mit Hilfe verschiedener Werkzeuge ein einfaches Brett in ein Kunstwerk verwandelte. Das Holz roch so herrlich und nicht weniger aufregend war – aus den Resten durfte ich mir Klötzchen heraussuchen und manchmal sägte Vater auch extra welche für mich zurecht. Das war ein Gefühl, wie einen Schatz zu finden oder ein Geschenk zu bekommen.

Ja, unser Vater hatte immer etwas zu tun und alles, was seine Hände vollbrachten, war gute und solide Arbeit. Sogar seine Kalligrafie war ausgezeichnet. Zu jeder Hochzeitsfeier oder Beerdigung im Dorf gab es passende Sprüche aus der Bibel und Vater war es, der sie auf großen Papierbögen oder weißem Stoff in Sütterlinschrift auftrug.

Ich überlege gerade, ob mein Vater mich je schwer bestraft oder gar geschlagen hätte. Nein, daran kann ich mich nicht erinnern – mal abgesehen von der Strafe, als ich im aufgeweichten Feld als ‚Scherbensammlerin' unterwegs war. Im Gegenteil, ich war für ihn immer die fleißige Tochter. Ich selbst kann dem eigentlich nicht zustimmen. Ja, ich habe alles getan, was man mir auftrug – im Haushalt, im Hof oder im Kolchos – aber nur, weil ich es musste, nicht aus Fleiß.

Stolz war Vater auch auf meine schulischen Leistungen. Wenn wir Besuch hatten, bat er mich oft, meinen Dnjewnik (ein Schultagebuch, das jeder Schüler sorgfältig zu führen hatte) zu holen, und zeigte meine guten Noten vor, die darin verzeichnet waren. Meistens waren es Fünfer und Vierer (die besten Noten in Russland). Anmerkend zum Thema Schule muss ich sagen, dass meine Eltern nie meine Hausaufgaben kontrollierten; wie, wann und ob ich sie überhaupt gemacht hatte, war ihnen egal. Ab und zu sah sich Vater die Noten an – das war alles. Mutter interessierte nicht mal das. Auch besuchten beide nie die Elternabende. Merkwürdig, aber die Lehrer machten sich nichts daraus, vielleicht, weil ich eine gute Schülerin war.

Nur einmal erlebte ich Vaters Zorn und Gewaltausbruch, der jedoch nicht mir galt, sondern meinem Bruder. Der war vielleicht zwölf Jahre alt, ich dementsprechend neun oder zehn. Wir befanden uns beide in der Wohnstube, als unser Vater wutentbrannt herein marschierte – mit einem Zigarettenstummel in der Hand. Er funkelte Jakob an. „Warst du das? Hast du geraucht?“

Jakob Junior schüttelte stumm den Kopf.

„Wer soll es sonst gewesen sein? Wer würde bei uns im Abtritt rauchen?“

„Ich war es aber nicht!“, beteuerte mein Bruder.

„Lüg mich nicht an!“ Vater zog plötzlich den Gürtel aus der Hose und schlug damit auf Jakob ein, wieder und wieder. „Das machst du nicht noch einmal!“, schrie er.

Wie gelähmt verfolgte ich diese Szene, unfähig, etwas zu sagen oder gar zu tun, obwohl es zwingend notwendig gewesen wäre. Ja, ich fühle mich jetzt noch schuldig, wenn ich daran denke, dass mein Bruder verprügelt wurde. Er hatte wirklich nicht geraucht – ich war es, die im Toilettenhäuschen in der hinteren Ecke unseres Gartens eine Zigarette ausprobiert hatte und auch noch so dumm gewesen war, die Kippe einfach auf den Boden zu werfen.

Ich bezweifle, dass Jakob irgendwann diese Zeilen lesen wird, dafür hat er sich in jeglicher Hinsicht viel zu weit von mir entfernt. Wenn aber doch, dann soll er wissen, dass es mir leid tut. Ja, ich hätte eingreifen müssen, aber der Schock hatte mich – das kleine Mädchen – unfähig gemacht zu handeln.

„Zum Rauchen warst du aber groß genug, was?“, höre ich im Geiste seine sarkastische Stimme.

Was soll ich darauf antworten? Natürlich durften Kinder nicht rauchen – das war mir klar. Aber ich mochte den Zigarettenduft, außerdem war es so angenehm, wenn sich nach einem tiefen Zug alles um mich herum drehte.

Ich rauchte, wann immer sich die Gelegenheit dazu bot, bin aber nie wirklich zur Raucherin geworden. Jakob erwischte mich sogar eines Tages dabei – im Holzschuppen – sah mich nur wortlos und mit einem Aha-Grinsen an, verriet mich auch nicht an die Erwachsenen. Dafür war ich ihm im Stillen dankbar.

Jakob war überhaupt mein Lieblingsbruder. Ich nehme an, schon deswegen, weil ich ihn instinktiv mit dem ganz großen verglich …

Wie sehr hat er mir gefehlt, als er im Wehrdienst war, und wie stolz war ich auf ihn – meinen Bruder in der schicken Marineuniform – als er zum ersten Mal Urlaub hatte und die Mädchen im Dorf ihm hinterher schauten. Sein zweiter Urlaub erfolgte ein Jahr später, unverhofft, als unsere Mutter im Sterben lag. Leider konnte er sich nicht mehr von ihr verabschieden, obwohl sie so auf ihn gewartet hatte …

Ich merke, ich bin etwas vom Erzählpfad abgekommen. Es geht ja um meinen Vater Jakob Schütz, nicht um meinen Bruder, obwohl er den gleichen Namen trägt. Ich bin mir aber sicher, diese Minigeschichte in der eigentlichen Geschichte wird man mir nicht übelnehmen.

Sie zeigt, wie lieb und wichtig mir mein Bruder einmal war.

Zurück zu Jakob Schütz Senior …

Geboren wurde er im Februar 1915 in Schönfeld, wo er auch aufwuchs und den größten Teil seines Lebens verbrachte. Dieses Dorf gründete im Jahr 1908 seine Großmutter Margarita Reimchen; sie und einige andere Familien kamen nach Sibirien aus Taganrog mit der Absicht, sich auf dem freien Land dauerhaft niederzulassen. Sie kauften einem reichen Offizier Ländereien ab. Es war harte Arbeit, aus dem Nichts eine Landwirtschaft auf dem kahlen Boden aufzubauen, aber indem sie einander halfen und vertrauensvoll in die Zukunft blickten, schafften sie es. Nach und nach wurde die Siedlung, die sie nach ihrem Heimatort in Taganrog Schönfeld nannten, immer größer. Mit *der* Zukunft allerdings, die schon bald Gegenwart wurde, hatte keiner dieser Menschen gerechnet. Obwohl die Oktoberrevolution von 1917 und deren Folgen sich verhältnismäßig langsam bis nach Sibirien hin bemerkbar machten, waren die Veränderungen unabwendbar und erreichten auch Schönfeld. Jetzt hieß es, statt eigenem Bauernhof ein großes Kollektiv werden – ein Kolchos. Das landwirtschaftliche Eigentum wurde ‚eingesammelt' (Enteignung), die Bauern wurden aufgefordert, in den Kolchos einzutreten, auf freiwilliger Basis, versteht sich. Und es versteht sich auch, dass die Menschen gezwungen waren, willig zu sein, wenn sie nicht als Feinde des Volkes abgestempelt werden wollten.

1933 kam die Familie Hetterle nach Schönfeld, die

ebenfalls dem Enteignungswahn der Sowjets zur Opfer gefallen und aus ihrer Heimat im Odessa-Gebiet vertrieben worden war. So lernte der 18jährige Jakob seine zukünftige Frau Ida kennen. Sie heirateten 1935 und setzten sieben Kinder in die Welt. 1957 wurde das letzte geboren – meine Schwester Erna. Zwischen 1935 und 1957 lagen für meinen Vater mehr als zwanzig ereignisreiche Jahre, Krieg und Arbeitslager inbegriffen. Über die sieben Jahre, die er bis Herbst 1949 als Zwangsarbeiter verbrachte, erzählte er nur sparsam und ungern, aber man kann sich die Zustände auch ohne viele Worte gut ausmalen.

Nach seiner Entlassung arbeitete Vater an verschiedenen Stellen als Buchhalter. Die letzte, die er 1959 mit einem unguten Gefühl antrat, wurde ihm tatsächlich schon bald zum Verhängnis. Er geriet ahnungslos in eine komplizierte Sache, die ich selbst nicht so ganz verstand (Machenschaften mit Benzin). Jedenfalls stellte man eine Unterschlagung fest und Jakob Schütz wurde zu acht Jahren Haft für ein Verbrechen verurteilt, das er nicht begangen hatte. Wie bereits erwähnt, hatte er Glück im Unglück – da der eigentliche Täter bald ermittelt wurde.

In den folgenden Jahren übte Vater verschiedene Tätigkeiten aus, agierte sogar eine Zeitlang als ‚Finanz-Inspektor'. In Wahrheit bestand seine Aufgabe darin, von den Kolchos-Bauern Steuern einzutreiben. Weil er diese Gelegenheit dazu nutzte, um den Leuten das Wort Gottes zu verkünden – eine Propaganda verbotener Art – wurde er mit strengen Worten der Ermahnung ‚gefeuert'.

Die letzten dreizehn Jahre bis zur Rente war Jakob Schütz für das Separieren der Milch zuständig. Dieser Job hatte einen ebenso vornehmen Titel: Leiter der Milchabteilung. Sein Arbeitsplatz bestand aus zwei Räumen, die an den Kuhstall angebaut waren. Es war dunkel und kalt da drinnen. Im größeren Raum befand sich der elektrische Separator, in dem ein Teil der Milch nach dem Melken in Sahne und Molke getrennt wurde. Die getrennte Masse kam in dafür vorgesehene riesige Kannen, die um die vierzig Liter fassten. Die Molke diente als Getränk für die Kälbchen. Die Sahne wurde einmal am Tag mit dem Lastwagen zu weiterer Verarbeitung in die Milchfabrik in Moskalenki abtransportiert. Aber bis es soweit war, musste sie kalt gehalten werden. Etwas wie ein Kühlhaus gab es damals nicht, stattdessen aber einen riesigen Behälter, der sich im zweiten, kleineren Raum befand. Da hinein hievte Vater die schweren Kannen. Wie viele der Behälter fasste, kann ich nicht genau sagen – vielleicht acht oder zehn. Danach spaltete er von dem bereits erwähnten Eisberg mit einem Brecheisen große Brocken ab, lud sie auf den Schubkarren und verteilte sie zwischen den Kannen im Behälter. Natürlich durfte er nicht vergessen, die offene Stelle am Eisberg wieder mit Stroh zu bedecken; besonders wichtig war das, wie man sich denken kann, in der Sommerzeit. Gewöhnlich half ihm Mutter bei der Arbeit, aber oft genug nahm Vater eine von uns Töchtern mit. Mir gefiel das überhaupt nicht, obwohl mir nichts anderes übrig blieb als zu gehorchen. Ich mochte die Kälte nicht und noch weniger die unzähligen, schmierigen Teile des Separators, die ich in einer großen Schüssel spülen musste, von den vielen Fliegen im Sommer – die sich dort ihr Auskommen suchten – ganz zu schweigen.

Ida und Jakob Schütz mit den Kindern Aneta, Ida, Jakob und Rosa. Es fehlen auf dem Foto die kleine Erna und die zwei ältesten Geschwister

In den sechziger Jahren kam unser Vater in den Besitz eines Motorrades Marke „Ural", mit Beiwagen. Dafür hatte er eisern gespart, leider auch auf Kosten seiner Kinder, denen es am Notwendigsten mangelte (ich rede hier nicht von Nahrungsmitteln). Diesen Besitz pflegte er sehr sorgfältig und führte die anfallenden

Reparaturen selbst durch; jedes Ersatzteil wurde so lange instand gehalten, bis nichts mehr lief. Für die Familie war das Motorrad natürlich eine Erleichterung im täglichen Leben. Wenn es von der Zeit her möglich war, holte Vater uns von der Schule ab. Da die Fußmärsche noch nie zu meiner Lieblingsbeschäftigung zählten, freute ich mich außerordentlich, wenn ich – schon zu Fuß auf dem Heimweg – sein Motorrad mir entgegenkommen sah. Es war selbstverständlich, dass Vater auch meine Freundin und so viele Mädchen aufsammelte, wie das Vehikel verkraftete.

Im Sommer unternahm er mit uns oft Ausflüge in den Wald, zum Pilze sammeln und Erdbeeren pflücken. Er wusste, wo es Waldlichtungen mit besonders vielen Früchten gab. Weniger spannend war die Arbeit danach – die Beeren mussten geputzt und eingekocht werden, ebenso die Pilze.

Wenn ich an meinen Vater denke, dann sehe ich ihn in seiner Wohnung in Hemer (im Herbst 1993 kam er mit seiner zweiten Frau nach Deutschland, wo sich zu dieser Zeit schon alle seine Kinder befanden), wie er über ein Heft gebeugt am Küchentisch sitzt, mit einem Kugelschreiber in der Hand … Ja, mein Vater entdeckte an seinem Lebensabend zu den schon vorhandenen Begabungen noch eine Fähigkeit in sich – das Schreiben. Zwar konnte sie sich im Alter von über achtzig Jahren nicht mehr so richtig entwickeln, aber er setzte all seine geistige Kraft in diese letzte Tätigkeit und war unermüdlich, bis er buchstäblich den Stift nicht mehr halten konnte, weil er zu schwach war.

Zuerst schrieb er von Hand, später auf einer alten Schreibmaschine. als Papier verwendete er auseinandergenommene DINA5 Notizbücher, die er dann wieder zusammenband – zu eigenen kleinen Büchlein. Auf diese Weise fertigte er etliche (ich denke, es waren mehr als zwanzig) Exemplare an, die er an Verwandte und Freunde verschenkte. Auch ich besitze eines davon.

Da Vater Baptist war, fühlte er sich anscheinend verpflichtet, die Dinge der Vergangenheit aus religiöser Sicht zu betrachten. Dementsprechend haben seine Aufzeichnungen den Titel: „Wie war das geistliche Leben in Russland: Erfahrungen der Christen 1908 – 1993". Obwohl es doch völlig unerheblich war, ob Menschen, die

Repressalien ausgesetzt worden waren, an Gott glaubten oder nicht. Es konnte jeden treffen.

Ich verneige mich ehrlich vor Vaters Beharrlichkeit und seinem Willen, noch ein letztes Werk im Leben zu schaffen und für die Mitmenschen zu hinterlassen. Auch wenn der Text voll Fehler aller Art ist und an manchen Stellen etwas naiv, sogar kindlich wirkt, so berührt mich der Inhalt doch zutiefst ... Einem Impuls folgend, nehme ich auch jetzt das Büchlein in die Hand und schlage es willkürlich auf ...

„Eines Tages kam ich von der Arbeit in die Zelle, legte mich aufs Bett und schlug heimlich die Bibel auf. Plötzlich standen zwei Aufseher vor mir und einer fragte: „Was liest du da?“

Nun geschah das, wovor ich mich schon immer fürchtete ... Ich war so erschrocken, dass ich nicht lügen konnte und mir die Wahrheit nur so herausrutschte: „Die Bibel“.

„Eine Bibel? Das ist doch streng verboten!“

Ich entgegnete: „Wäre es denn besser, wenn ich trinken, rauchen oder Karten spielen würde?“

Der zweite Polizist nahm mir den Folianten aus der Hand und ich dachte, jetzt sehe ich meine Bibel zum letzten Mal. Er blätterte jedoch nur darin und reichte sie mir wortlos zurück. Eine unaussprechliche Freude überkam mich. Jetzt konnte ich meine Bibel ohne Furcht weiter lesen. Von nun an lag sie immer ganz offen am Kopfende meines Bettes.

Wenn ich geleugnet hätte, wenn ich gesagt hätte, ich

lese ein Buch statt eine Bibel, so hätte Gott seine schützende Hand von mir genommen ...“

Es ist eine Szene, die sich im Gefängnis abspielte. Diese Episode macht zwei Dinge klar: Vaters Glaube und seine Ehrlichkeit. Letzteres habe ich wohl von ihm geerbt. Das erste werde ich mir nie aneignen können. Ich kann jedoch gut nachvollziehen, dass der Glaube ihm in all den schweren Jahren eine Stütze war, ihm Kraft gab und seine Hoffnung auf bessere Zeiten nicht erlöschen ließ. Wenn ich einige Seiten weiter in seinem Manuskript lese, komme ich zu diesem Abschnitt:

„Eines weiß ich und daran denke ich viel: Ich will den lieben Gott bitten – um Vergebung. Ich bin das alles nicht wert, all die Liebe, die er mir schenkte in so schweren Lebenslagen, in denen ich war. Ich bin mir sicher, dass der Herr seine schützenden Hände über mich gehalten hat. Ihm sei die Ehre. Was ich ihm in jener schweren Zeit versprochen und es nicht getan hatte, ich sagte: „Wenn Du mich aus dieser Lage herausführst, dann will ich Deine große Liebe, die Du mir gabst, allen Menschen verkünden.“ ... Ja, er tat es, ich jedoch nicht. Ich bin ein Schuldner vor dem lieben Gott geblieben, er möge es mir vergeben.“

Da muss ich nun protestieren. Auch wenn Vater sicher war, von einer höheren Macht beschützt, von ihr geführt worden zu sein, so war es doch nicht diese Macht, die ihn dazu bewegte, seine Würde zu behalten und – egal unter welchen Umständen – die Menschlichkeit nicht zu verlieren und den Verführungen des Bösen (um es einfach auszudrücken) standzuhalten, sondern er selbst. Er hatte viel gesehen und erlebt, viel erlitten – es reicht schon, wenn ich 'nur' die sieben Jahre der Zwangsarbeit und die Zeit im Gefängnis erwähne, auch wenn letztere nur einige Monate dauerte. Und dennoch fühlte er sich schuldig vor Gott und meinte, er sei es nicht wert, von ihm ‚geliebt' zu sein? Wenn nicht er, wer sonst? Nun gut – ich will mich nicht in Glaubensfragen vertiefen – das ist ein Thema für sich.

Vater gibt leider nicht viel über das eigene Familienleben, über unsere Mutter, über sich während der Zeit der Ehe mit Ida preis. Er schreibt auch nicht, wie er zum Glauben an Gott kam, obwohl wir alle in der Familie diese Geschichte kennen. Jakob war nicht immer so fromm. Zu Beginn seiner Ehe war er dem Weltlichen nicht abgeneigt. Er trank auch verhältnisweise viel. Eines Wintertages, noch vor dem Zweiten Weltkrieg, wurde er auf dem Weg nach Hause betrunken von einem Schneesturm überrascht, suchte Zuflucht in einem Strohschober und wäre erfroren, wenn sein ältester Sohn ihn nicht gefunden hätte. Danach war Vater eine Zeitlang krank und wurde regelmäßig von Brüdern und Schwestern der Baptistengemeinde besucht. Das Resultat dieser Besuche und dazugehöriger Gespräche ist nicht schwer zu erraten.

Eine Sache aus dem Leben des Jakob Schütz bleibt mir unverständlich. Es geht nicht darum, dass Vater sich schon wenige Wochen, nachdem Mutter gestorben war, eine neue Frau ‚holte' (obwohl seine Kinder darüber äußerst empört waren). Nein, das würde ich ihm nie vorwerfen. Er musste mit seinem Leben zurechtkommen und er tat es auf die ihm eigene Art und Weise, wenn man so sagen will – traf die für ihn richtige Entscheidung. Ich weiß, dass er in seiner zweiten Frau eine Partnerin fand, mit der er bis zuletzt glücklich war. Auch sie hatte viel durchgemacht, aber nie ihren Lebensmut und ihre Güte verloren. In diesem Jahr ist Maria Schütz 90 geworden und lebt gut aufgehoben in der Familie ihrer Tochter.

Es ist also nicht die neue Ehe, es ist etwas anderes, das ich ihm schlecht verzeihen kann – die Tatsache, dass er für zwei seiner Töchter keine Liebe empfand, sondern eine Art Ablehnung, die er deutlich zeigte und die tiefe Spuren im Leben der beiden hinterließ.

Trotz alledem ... Jakob Schütz war ein außergewöhnlicher Mensch, der eine Anerkennung in Form dieser Erzählung mehr als verdient hat. Er starb im Alter von 91 Jahren.

Eine Geschichte fällt mir ein, die Jakob Senior, Jakob Junior und mich betrifft ... und den Wodka.

In Russland war es ja so: Bevor der zum Militärdienst Eingezogene die Familie verließ, fand eine Abschieds-Feier statt. Die gab es auch für meinen Bruder. Wie allbekannt, trinken die Russen meistens Wodka. Den tranken zwangsläufig auch die Deutschen dieses Landes.

Obwohl unser Vater das Trinken schon in jungen Jahren aufgegeben hatte, sorgte er dafür, dass Alkohol auf dem Tisch nicht fehlte, wenn Besuch da war oder eben bei einem Anlass, wie diesem Abschied.

Es wäre natürlich schöner gewesen, mit einem Glas Wein anzustoßen, aber gute Weine waren in Russland nicht zu bekommen, überhaupt war selten Wein im Angebot. Also stand auf dem Tisch nur der Hochprozentige.

Von dieser Feier blieb eine Halbliterflasche unberührt. Vater versprach seinem Sohn: „Diese Flasche öffnen wir, wenn du in drei Jahren wiederkommst."

Der Wodka verschwand zur Verwahrung in der Speisekammer. Dort wäre die Flasche ja auch geblieben, wäre da nicht wieder diese Rosa gewesen – dieses Mädchen, das verbotene Dinge besonders anzogen ...

Mein Bruderherz war längst in der ‚Nordflotte', meine Mutter bereits schwerkrank, meine heimliche Liebe unerreichbar, weil auch er den Wehrdienst ableistete; an einem dieser schrecklichen Wintertage also herrschte draußen die gleiche Kälte wie in meinem Inneren ...

Kurzum, ich hatte großen Kummer, der im Zusammenspiel mit der sich anbahnenden Depression, immer mehr auf mein Gemüt drückte. Von daher war es nicht verwunderlich, dass mir der Gedanke kam, Wodka könne Erleichterung bringen. Natürlich hatte ich mit meinen damals sechzehn Jahren schon Alkohol probiert und seine Wirkung war mir bekannt. So hoffte ich, auch diesmal die Schwere aus meinem Herzen damit herausspülen zu können.

Ich holte die noch ungeöffnete Flasche aus der hintersten Regalecke der Speisekammer und füllte ein Wasserglas. Es schmeckte scheußlich, sorgte aber für eine angenehme Wärme im Magen und ich trank heroisch fast das ganze Glas aus. Vielleicht hätte ich sogar noch mehr in mich hineingeschüttet, aber aus Erfahrung wusste ich – ein paar Tropfen zu viel und ich beginne zu heulen. Das durfte nicht passieren, denn ich hatte an diesem Tag keinen, an dessen Schulter ich mich lehnen und dem ich mein Herz hätte ausschütten können. Also zog ich die Notbremse!

Was aber sollte ich mit dem Rest Wodka machen? Ich überlegte nicht lange, kippte die Flüssigkeit in den Abfalleimer und schleuderte die leere Flasche draußen in das schneebedeckte Kartoffelfeld hinterm Haus.

Ging es mir danach besser? In gewissem Sinne schon. Ich hatte jedoch etwas zu viel des Guten getan, denn meine Schwermut verwandelte sich rasch in eine tiefe

Traurigkeit, die ausgeweint werden wollte. Mich irgendwo zu verkriechen ging aber nicht – es war bald Abend und ich musste den Bus nach Moskalenki nehmen, denn am nächsten Tag fing die neue Schulwoche an. Mir blieb nichts anderes übrig, als in den Bus zu steigen und mich in einer Ecke ganz klein zu machen …

Im Frühjahr, beim Bearbeiten des Ackers, fand Vater die leere Wodkaflasche und schöpfte sofort Verdacht, es könne sich um jene handeln, die er in der Vorratskammer deponiert hatte. Tja, den Sohn konnte er nicht beschuldigen und auch ganz bestimmt nicht die dreizehnjährige Erna. Also wer blieb übrig? …

Per Ausschlussverfahren kam er also schnell auf die wahre Täterin. Ich gestand meine Schuld mit dem Verteidigungs-Argument, ich hätte mich mit Wodka aufheitern wollen. Als mildernden Umstand fügte ich noch hinzu, ich hätte nur wenig von dem hochprozentigen Zeug getrunken und den Rest weggeschüttet, was ja fast der Wahrheit entsprach.

Bestraft wurde ich nicht. Oder vielleicht doch? Kam es nicht einer Strafe gleich, mir danach bei jeder Gelegenheit diese Story unter die Nase zu reiben und den Gästen auf Feiern als Anekdote zu präsentieren?

Als Jakob aus der Armee entlassen wurde, gab es selbstverständlich eine neue Flasche Wodka, serviert mit der Geschichte darüber, auf welche ‚amüsante' Weise die alte verschwunden war.

Das ungeliebte Kind

(Für Aneta)

Du kamst in einer schrecklichen Zeit zur Welt. Der Zweite Weltkrieg tobte. Gierig und unersättlich verschlang er menschliches Leben, vernichtete und verwüstete Städte und Dörfer, brachte den Menschen Elend, Hunger und Schmerz, die für den Sieg im Großen Vaterländischen Krieg alles opferten, alles opfern mussten, selbst das Leben. Wer den allmächtigen Führern und ihren Willensvollstreckern für die Beteiligung an dieser Verteidigungsschlacht fragwürdig erschien, der wurde in Arbeitslager geschickt oder gar als Verräter bezeichnet und erbarmungslos ausgelöscht. Ein Menschenleben bedeutete den großen Machthabenden nichts, rein gar nichts.

Westsibirien war ein von der Front weit entferntes Land, aber das hieß nicht, dass es den Menschen dort viel besser erging, vor allem nicht denen in den deutschen Siedlungen. Tagtäglich lebten die deutschstämmigen Familien in der Furcht vor Repressalien.

Unsere Mutter war im November 1942 mit dir, ihrem dritten Kind, im sechsten Monat schwanger, als Vater fort musste – in die Arbeitsarmee. Er wurde zwar nicht als Verräter eingestuft, aber er war deutscher Nationalität – das genügte vollkommen, um ihn sieben Jahre lang diesen Makel abarbeiten zu lassen. Nationalität als Schuld? Nun, das kennt man gut – überall auf der Welt!

Allerdings geht es hier nicht um Weltgeschichte, nicht um Politik, sondern um dich, meine elf Jahre ältere Schwester. Obwohl ich oft denke – alles steht in gewissem Zusammenhang – die Menschenverachtung, die auf höchster Ebene normal war, färbte auch auf die Familien und die zwischenmenschlichen Beziehungen ab, sie hinterließ ihre grausamen Spuren überall.

Du wurdest im Februar 1943 als drittes Kind unserer Eltern geboren und bekamst den Namen Aneta. Ob du gewollt warst? Es fällt mir schwer, dies zu schreiben, aber ich bezweifle es. Unsere Mutter verlor mit jeder Geburt immer mehr von ihrer Kraft und ihrem Lebensmut. So schlimm es sich auch anhört – es bedeutete für sie einfach zu viel Belastung. Besonders schwer war die Zeit mit den vier ersten Kindern, die sie für längere Zeit ohne unseren Vater durchbringen musste. Das vierte Kind – Ida – kam ja 1947 hinzu, nachdem er im Herbst 1946 für ein paar Wochen aus der Haft Urlaub bekommen hatte. Ihr beide – du und Ida – wart Vaters ungeliebte Kinder. Warum, ist nicht nachzuvollziehen. Besonders viel Ablehnung musstest du hinnehmen. Sie erstreckte sich auch noch auf deine beiden Kinder. Du warst sogar der Meinung, Vater habe dich gehasst. Diese Auffassung kann ich gut verstehen. Wenn ein Kind so behandelt wird, wie du es mir schildertest, dann kann es nur von Hass ausgehen.

Noch schlimmer war jedoch, dass auch unsere Mutter kaum Wärme für dich aufbrachte, sondern dich nur Strenge spüren ließ und dich als kleines Kind sogar schlug. Ich war erschüttert, als du mir erzähltest, dass du dich sehr gut daran erinnerst, wie du im Alter von etwa zehn Jahren draußen weinend umhergelaufen seiest. Mamas Ungerechtigkeit hatte dich sehr verletzt. Sie bestrafte dich, weil du dich über die Nachbarin beschwert hattest, die achtlos mit den schmutzigen Stiefeln über den von dir frisch gewischten Holzboden gelaufen war. Wegen deiner frechen Worte wurdest du angeschrien und bekamst eine kräftige Ohrfeige, die in deinem Ohr noch lange einen klingenden Ton hinterließ. Dein einziger Trost, sagtest du, seien damals deine Fantasien gewesen, in denen du dir ausmaltest, dass die Miliz kommen, die böse Mama abholen und ins Gefängnis bringen werde, weil sie so gemein zu ihrer Tochter gewesen sei.

‚Die Miliz kommt und holt dich', damit hatten die Eltern ihren ungehorsamen Kindern oft gedroht, und die fürchteten sich deshalb vor jedem Milizionär. Dass du dir also diese Strafe für deine Mutter wünschtest, sagt einiges aus. Wahrscheinlich würde heute mancher sagen, das sei schon so lange her, die Mutter habe zu viel Kummer verkraften müssen, da könne einem schon mal die Hand ausrutschen … Oder zweimal … oder mehr?

Aber ist es nicht merkwürdig, wenn ein Mensch nach fast sechzig Jahren diese Ohrfeigen noch immer spürt, wenn sie ihm noch immer auf der Seele brennen, ihm immer noch wehtun? Nein, das ist ganz und gar nicht in Ordnung. Und es ist auch nicht in Ordnung, wenn ein Vater sein viel zu dünn geratenes Kind verspottet und ihm verächtliche Spitznamen gibt; wenn er der Tochter abends auflauert, weil sie versucht, unbemerkt das Haus zu verlassen: Du wolltest zum Dorfplatz, wo sich die Jugendlichen trafen und wusstest, obwohl Mutter es erlaubt hat, er würde es nicht gestatten. Und so war es ja dann auch. Immer, wenn Vater mitbekam, dass du dich aus dem Haus stehlen wolltest, fing er dich ab, und die Schadenfreude stand ihm ins Gesicht geschrieben, wenn er dich wieder zurücktrieb.

Es erschütterte mich sehr, als du mir folgende Episode schildertest: Einmal brachte Vater Apfelsinen nach Hause – in Sibirien für damalige Zeit etwas ganz Besonderes. Er verteilte sie an die vier am Tisch sitzenden Kinder. Zuerst bekamen die Kleinsten (damals Jakob und ich) diese Köstlichkeit, dann zögerte er, schaute Ida und dich an, verzog das Gesicht und warf euch je eine Apfelsine zu: „Da habt ihr auch was!"

„Als seien wir Hunde", sagtest du und deine Stimme zitterte. Auch nach mehr als fünfundfünfzig Jahren zitterte sie und dann erzähltest du weiter: „Ich nahm die Apfelsine, lief nach draußen und schleuderte sie wutentbrannt und weinend weit hinaus ins Kartoffelfeld. Nach einer Weile, mich selbst dafür verachtend, habe ich die Frucht wieder aufgelesen und doch noch gegessen."

Mir verschlug es die Sprache und ich wagte dich nicht zu fragen, ob du die Süße damals überhaupt geschmeckt hast trotz der Bitterkeit der Situation.

Nach der siebten Klasse – du warst vierzehn Jahre alt – musstest du im Kolchos arbeiten. Fast vier Jahre lang hast du Kälber gepflegt, versorgt und gehütet. Es gibt für diese Tätigkeit auch eine russische Bezeichnung, aber sie ist nicht ins Deutsche übersetzbar. Jedenfalls war es eine schwere Arbeit, die um 5.00 Uhr in der Frühe begann und abends endete, ohne Wochenendtage und ohne Urlaub. Unser Vater nahm dir das verdiente Geld bis zur letzten Kopeke ab. Einmal wolltest du, Kopeke für Kopeke sammelnd, 78 davon (vergleichbar mit 78 Cent) verheimlichen. Aber Vater entdeckte das Versteck, machte dir Vorhaltungen, dass du so viel Geld zurückgehalten hattest, und steckte die Kopeken in die Hosentasche. Als du dich bei Mama beklagtest in der Hoffnung, das Ersparte von ihr zurück zu bekommen, sagte sie nur: „Hättest es besser verstecken sollen."

Beim Kälberhüten, rechts Anetas Freundin Heda

Ich weiß, Aneta, du bist sehr verständnisvoll und du hast mir auch einmal gesagt: „Ich bin ihm nicht mehr böse. Er war unser Vater, musste viel und schwer arbeiten, hat eine Menge durchgemacht und hatte es nicht leicht mit sieben Kindern." Auch bist du ihm immer mit Achtung gegenübergetreten, wie wir alle. Wir respektierten und ehrten unsere Eltern, so gehörte es sich.

Ich habe dich einmal gefragt, ob du deine Kindheit als schön in Erinnerung hättest. Ohne Zögern gabst du mir ein entschiedenes Nein zur Antwort und sagtest, du hättest sogar noch heute das Gefühl, ungeliebt zu sein, niemandem etwas zu bedeuten, minderwertig zu sein.

Ich selbst würde die gleiche Frage ebenfalls mit Nein beantworten, wenn auch aus anderen Gründen. Was jedoch das Gefühl der Minderwertigkeit betrifft, ergeht es mir wie dir – wenn mich jemand lobt, mir Komplimente macht, dann meine ich, so etwas gar nicht verdient zu haben und fühle mich unwohl; ich ertrage es auch schlecht, im Mittelpunkt zu stehen.

Natürlich – neben den schlimmen gab es in meiner Kindheit auch schöne Momente, an die ich mich erinnere, doch sie sind von Schwermut wie von grauem Nebel überzogen. Du dagegen warst als Kind nicht depressiv, sondern ein recht lebensfrohes Mädchen, erinnerst dich aber dennoch kaum an schöne Momente. Ich denke, das Schmerzliche hat bei dir alles überdeckt; so wurden die wenigen glücklichen Augenblicke ausgeblendet und gerieten in die Vergessenheit.

Merkwürdigerweise sind meine Erinnerungen an

dich, als du noch zu Hause warst und ich im Vorschulalter, sehr spärlich. Eine Nacht allerdings habe ich noch klar im Gedächtnis.

Ich war ungefähr fünf Jahre alt und befand mich in deinem Bett. (Darüber sprachen wir schon und gelangten zu der traurigen Erkenntnis, dass ich kein eigenes Bett besaß und mal hier, mal da schlief). Ich lag in deinem Arm, spürte deine Wärme, atmete deinen angenehmen Körpergeruch ein und fühlte mich ... unbeschreiblich. Heute kann ich das Gefühl benennen, das ich immer noch verspüre, wenn ich daran denke – es heißt Geborgenheit. Eigenartig, dass diese Erinnerung mit Helligkeit verbunden ist. Obwohl es bestimmt dunkel war, empfinde ich Licht. Vielleicht, weil ich keine Angst hatte, weil ich wusste – mir kann jetzt nichts passieren. Diesmal kommt kein schwarzes Monster und reißt mich aus dem Schlaf. Ich bin überzeugt – mein Unterbewusstsein hat mit Absicht dieses Bild im Gedächtnis eingeprägt, damit das Kind in mir weiß – es wurde nicht völlig im Stich gelassen.

Gewiss war es nicht die einzige Nacht, in der du mich zu dir nahmst. Ich bin mir auch sicher – du hattest unterschwellig mitbekommen, dass da irgendwas ablief, etwas Abscheuliches, etwas Verbotenes. Warum sonst hast du mir sofort geglaubt, nachdem du „Die Abrechnung“ gelesen hattest? Warum keine Sekunde lang daran gezweifelt, dass meine Anschuldigungen berechtigt waren?

Du warst damals sechzehn oder siebzehn Jahre alt

und ahnungslos. Alle in Russland waren ahnungslos, außer den Betroffenen selbst. Kindesmissbrauch durch den eigenen Vater? Stiefvater? Onkel? Bruder? Gab's nicht! Konnte es nicht geben! So etwas passierte nur im Kapitalismus. Aber es gab sie eben doch, die vielen Kinder, die der sexuellen Gewalt hilflos ausgeliefert waren. Die keiner rettete, weil keiner ihnen zuhörte, weil niemand sie wahrnehmen wollte. Und außerdem – es waren doch nur Kinder, Kinder mit wirren Fantasien.

Heute, nach so vielen Jahren, denke ich – es war gut, dass ich alles in mir vergrub, dass die Erinnerungen erst in einem anderen Land, in einer geschützten Umgebung aus der Tiefe herausbrachen ...

Nun aber zurück zu dir, meine liebe Schwester.

Mit achtzehn bist du von zu Hause weggegangen, man könnte sagen, so weit wie nur möglich. Dein konkretes Ziel hieß Kasachstan, die Stadt Semipalatinsk. Dort lebte unsere angeheiratete Tante. Sie ließ dich fürs Erste bei sich wohnen, behandelte dich jedoch kaum anders als du es von daheim gewohnt warst.

Dein Leben als Erwachsene nahm seinen Lauf mit Ereignissen, die sowohl in Niederlagen als auch in Erfolgen bestanden. Das hier im Detail zu erzählen, würde den Rahmen sprengen und ich werde mich nur auf das Wesentliche beschränken.

In der großen, dir anfangs so fremden Stadt, nahmst du eine Tätigkeit in der Schuhfabrik an und dort lerntest du auch einen jungen Mann kennen – Tolja. Er hätte die Liebe deines Lebens werden können. Mit Wehmut und tiefem Bedauern hast du mir diese Geschichte erzählt, davon, wie du selbst eine unsichtbare Mauer zwischen euch bautest. Auch mir tat das Herz weh, während ich dir zuhörte. Ich sah das Bild vor mir – eine schüchterne junge Frau in Gesellschaft eines jungen Mannes, der in sie verliebt ist. Sie veranstalten ein Picknick, er hat etwas zu essen und zu trinken mitgebracht, lädt sie ein zu kosten. Aber sie wagt es nicht, ist wie versteinert. Er versteht ihr Verhalten nicht, bittet immer wieder, sie solle doch etwas essen. Aber die junge Frau schüttelt den Kopf; sie kann die Barriere der Schüchternheit nicht durchbrechen, die Zuneigung des jungen Mannes macht ihr Angst.

Nach diesem missglückten Picknick geht sie ihm aus dem Weg, schämt sich. Sie mag Tolja – sehr sogar – aber irgendwas hält sie fern von ihm.

„Warum war ich nur so dumm? Warum lief ich vor ihm weg?", klagtest du.

Ach, Aneta, das ist gar nicht so schwer zu erklären. Du warst nicht dumm. Du spürtest zum ersten Mal die Liebe eines Menschen, die auch in Einklang mit deinem Herzen stand. Dieses Gefühl war dir so fremd, dass du damit nicht umgehen konntest. Du versuchtest, dich vor dieser Liebe zu verstecken. Du warst ja überzeugt – dich könne keiner lieben, du seist gar nicht liebenswert, du hättest es nicht verdient.

So war es doch oder? Ich kann auch nachvollziehen, warum du nicht wagtest, nach dem angebotenen Essen zu greifen. Das war die verdammte Erziehung, die wir alle ‚genossen' hatten. Die Eltern untersagten uns, Essen von Fremden anzunehmen – so etwas gehöre sich nicht. Wenn wir mit ihnen irgendwo zu Besuch waren, durften wir uns auch nicht frei bewegen oder gar am Gespräch der Erwachsenen teilnehmen. Wir hatten uns still und artig zu verhalten.

Ich erinnere mich noch sehr gut an eine äußerst peinliche Situation: Ich war sieben oder acht Jahre alt. Unsere Mutter hatte mich mit irgendeiner Aufgabe zu Lilli geschickt, die ja schon verheiratet war und ein eigenes Haus in der anderen Straße bewohnte.

Als ich das Haus betrat, sah ich Verwandte von Lillis Mann, die aus der Stadt zu Besuch gekommen waren. Ich sagte schüchtern „Gut'n Tag" und blieb am Eingang stehen. Keiner antwortete mir, keiner fragte, was mich denn hierher führe, sie benahmen sich, als sei ich Luft, und unterhielten sich einfach weiter. Vor Scham und Verlegenheit wusste ich nicht, was ich tun sollte, trat von einem Fuß auf den anderen und wartete, wartete ... Am liebsten wäre ich im Erdboden versunken. Endlich kam Lilli aus den hinteren Räumen und befreite mich aus dieser schrecklichen Lage. Sie hatte sich die ganze Zeit im Haus befunden, aber keiner machte sich die Mühe, sie zu holen! Sie ließen das Kind einfach an der Tür stehen – mit voller Absicht ...

Entschuldige, Aneta! Ich bin abermals vom Erzählpfad abgewichen und kehre nun zurück zu Tolja.

Du hast ihn zufällig noch einmal getroffen, drei Tage vor deiner Hochzeit, es aber nicht übers Herz gebracht, ihm zu sagen, dass du einen anderen Mann heiraten wirst, einen, den du nicht wirklich liebst. Du warst achtzehn, du wolltest endlich ein selbständiger Mensch sein und alte Lasten abwerfen. Arnold war ein netter Kerl und sehr an dir interessiert; irgendwann gabst du seiner Umwerbung nach. Du erhofftest dir mit ihm ein ‚normales' Leben.

An dieser Stelle fällt mir eine gewisse Ähnlichkeit mit dem Lebensweg unserer Mutter auf. Auch sie liebte einen anderen und heiratete dennoch unseren Vater. Auch er wollte sie unbedingt zur Frau. Auch er ‚schaute' als junger Mann oft ‚zu tief ins Glas' wie Arnold. Beiden Männern wurde der Alkohol eines Tages zum Verhängnis. Doch überlebte Vater in betrunkenem Zustand jene kalte Winternacht, dein Ehemann allerdings nicht, als er im gleichen Zustand den Irtysch überqueren wollte und das Boot kenterte. Du warst erst sechs Jahre verheiratet und dein Sohn vier Jahre alt, als es passierte.

Im Jahr darauf kehrtest du nach Sibirien zurück und kauftest ein kleines Häuschen in Moskalenki, bestehend aus einem Zimmer und einer Küche. Es war nicht nur klein, es war winzig. Trotzdem nahmst du mich und drei weitere Mädchen als Logiergäste auf, um uns das Abitur zu ermöglichen. Dies war für mich zwei Jahre lang der schönste Ort der Welt.

Weißt du noch? Du, Edwin und vier Mädels auf engstem Raum? Seltsam, aber wir fühlten uns überhaupt nicht eingeengt, sondern frei wie noch nie. Wie Teenager so sind (und dich, trotz deiner siebenundzwanzig oder achtundzwanzig Jahre, zähle ich ohne Bedenken dazu), stellten wir alles Mögliche an (wohlgemerkt – niemandem wurde dabei geschadet) und hatten jede Menge Spaß.

Von links nach rechts: Aneta, Walentina, meine Cousine Lisa, Wladimir (Wladimir, Valentina und meine beste Freundin Frida sind Geschwister) und ich – im Hof von Anetas Häuschen. Frida fotografiert.

Wir waren sehr vertraut miteinander. Das Wundersamste für mich – in unserem Teremok (Türmchen), wie wir das Häuschen nannten, fiel alle Last von mir ab, ich spürte eine Leichtigkeit, eine Unbeschwertheit, wie ich sie noch nie spürte. Mit anderen Worten – ich war glücklich.

Ich denke, das hatte einen ganz besonderen Grund –

ich war weg aus dem Dorf, ich war bei dir, ich spürte deinen Schutz – wie ich ihn in den Nächten gespürt hatte, in denen ich als Fünfjährige in deinem Arm schlief.

Du warst eine sehr attraktive junge Frau und so war es auch nicht verwunderlich, dass es dir an männlichen Verehrern nicht mangelte. Du konntest sie fast alle haben und hattest sie fast alle. Ich wusste von deinen vielen Liebschaften, aber es störte mich nicht. Es stand und steht mir auch jetzt nicht zu, darüber zu urteilen oder gar dich zu verurteilen. Du wolltest es so, brauchtest es vielleicht so – wie auch immer. Vielleicht jagtest du der Liebe nach, die sich in deiner Kindheit so rar gemacht hatte, vielleicht war es etwas anderes.

Manche deiner Beziehungen dauerten länger, aber keine war von Beständigkeit. Eine Zeitlang warst du mit L. M. zusammen, dem Vater deines zweiten Sohnes. Auch diese Beziehung ging in die Brüche und wieder war Alkohol der Grund, Alkohol und Lügen.

1972 bist du mit deinen zwei Jungen erneut nach Kasachstan gezogen – um 1985 zurückzukehren: Sibirien wollte dich nie so ganz loslassen. In Omsk teiltest du dir mit Ida ein Haus – bis zu deiner Ausreise Ende 1989 nach Deutschland.

Und dann hast du alles darangesetzt und dafür gesorgt, dass auch ich mit meiner Familie Russland verlassen konnte. Dir ist es in erster Linie zu verdanken, dass alles – trotz vieler Hindernisse – ein gutes Ende nahm. Ohne dich wären wir vielleicht jetzt noch in Russland ... eine grauenvolle Vorstellung.

In Deutschland, obwohl alles so anders, so fremdartig war, fühltest du dich endlich angekommen. Du hättest hier in Ruhe und ohne Sorgen dein Leben genießen können, aber die Vergangenheit holte dich ein und schlug erbarmungslos zu. Sie hat uns beide eingeholt, wenn auch in unterschiedlicher Art und Weise.

Du wirst immer wieder von Panikattacken heimgesucht und die Depression will dich gar nicht mehr loslassen; mir schickt das Unterbewusstsein Bilder und Emotionen, die mich erkennen lassen, warum ich bin, wie ich bin.

Weißt du, Aneta, noch nie bin ich so oft in meine Kindheit ‚gereist' wie in den letzten Jahren. Dieses eigenartige 'Land von einst' zieht mich magisch an, mehr noch das kleine Mädchen, das dort einmal lebte.

Ich rufe mir das Dorf ins Gedächtnis, sehe mich im Sand spielend, Seil springend, betrachte meine Scherbensammlung, sehe vor mir die Grundschule und unsere Galina Nikolajewna, den Wald, in dem es so viel zu entdecken gab, das alte Haus. Vieles macht mir Freude, vieles ängstigt und bedrückt mich, angenehme Bilder vermischen sich mit quälenden.

Als du mit achtzehn das Dorf verlassen hattest, war ich sieben. Ich vermisste dich unendlich. Und ich weiß auch, welch unbändige Freude ich empfand, wenn du im Brief ankündigtest, dass du bald Urlaub hättest und nach Hause kämest. In der Nacht vor deiner Ankunft war ich jedes Mal maßlos aufgeregt. Ich konnte nicht schlafen, sehnte den Tag herbei, aber die Nacht ging und ging nicht vorüber. Dann das Warten abends auf das Taxi … Erinnerst du dich noch an unser Dorf-Taxi, das Leute zweimal am Tag vom Bahnhof in Moskalenki abholte und auch hinbrachte? Im Grunde war es ja bloß ein Lastwagen mit einer Bude auf der Ladefläche und kleinen Glasscheiben an den Seiten. Keine Ahnung, warum alle das Vehikel Taxi nannten.

Links Ida mit Tochter Swetlana, rechts Aneta mit Edwin

Ich stand fiebernd an der Kreuzung, sah das Taxi kommen, die Menschen aussteigen, dann endlich Arnold und dich und mein Herz machte einen Sprung. Was war ich glücklich! Du brachtest natürlich immer Geschenke mit. Du kennst das ja – mit Geschenken hatten uns die Eltern nicht verwöhnt. Nicht mal das Nötigste bekamen wir. Nicht weil wir so arm waren, sondern weil es unsere

Mutter wenig interessierte, wie wir herumliefen. Ob gewaschen, ob richtig angezogen – das war egal, Hauptsache wir benahmen uns brav und anständig …

Dein Urlaub war auch für mich wie der schönste Urlaub. Du warst nicht nur selbst anwesend, du brachtest Lebendigkeit in den Alltag. Du halfst im Haushalt, bei den Feldarbeiten, bereitest Essen zu und beschäftigtest dich viel mit uns, deinen Geschwistern. Alles war wundervoll mit dir. Wir waren sehr oft am Baggersee, im Wald Erdbeeren pflücken oder Pilze sammeln. Ich weiß, die sibirischen Wälder vermisst du auch jetzt noch sehr.

Ja, Aneta, es gab zumindest einen Menschen, der dich sehr liebte – deine kleine Schwester Rosa.

„Das habe ich nicht gewusst", sagtest du mir erstaunt, als wir darüber am Telefon sprachen.

Ich bedauere, dass du es erst jetzt erfahren hast, dass ich es dir so spät erzählte. Aber wir waren in unserer Familie nicht gewohnt, einander Gefühle zu zeigen, unsere Eltern hatten es uns nicht vorgelebt. Wir sind in kühler Atmosphäre erzogen worden und in sibirischer Kälte aufgewachsen …

Ich habe den Titel „Das ungeliebte Kind" für diese Aufzeichnungen bewusst gewählt. Meine Absicht ist, dir und allen, die sie lesen werden, zu zeigen, in welchem Widerspruch der Titel zum Inhalt und überhaupt zu dem sehr liebenswerten Menschen Aneta steht, welche Auswirkungen die mangelnde Liebesfähigkeit der Eltern auf das Leben eines Kindes haben kann. Nicht weniger wichtig ist es mir, dir zu sagen, dass du keinen Grund hast, dich wertlos zu fühlen, nicht eine Minute lang. Du sollst wissen – deine Wärme, dein Schutz waren für mich, deine kleine Schwester, so manches Mal wie ein Rettungsring, damals, vor vielen Jahren. Ohne dich wäre ich möglicherweise ganz untergegangen – im Albtraum der dunklen Nacht, ohne dich hätte ich mich vielleicht nicht mehr an die Oberfläche ziehen können.

Und auch jetzt, im Alter von fast 70 Jahren, gezeichnet von schwerer Krankheit, wirst du gebraucht, geliebt und geschätzt – als Schwester, als Mutter, als Großmutter.

Du bist nicht wertlos, du warst es nie.

Oktober 2012

Du warst meine Rettung

Hätte ich Gelegenheit, dich direkt ansprechen zu können, würde ich dir so vieles sagen wollen – Frida, meine beste Jugendfreundin.

Ich weiß, es bleibt höchstwahrscheinlich bei diesem Monolog, denn ich glaube nicht, dass du – sei es auch nur durch Zufall – auf meine schriftlichem Erinnerungen stoßen und mir darauf eine Antwort geben würdest. Aber vielleicht finde ich die Antwort selbst, während ich über unsere Freundschaft nachdenke und meine Gedanken zu Papier bringe.

Erinnerst du dich noch, wie wir uns kennenlernten? Dass eine fremde Familie ins Dorf zugezogen war, wusste ich schon. Doch ich habe dir nie von dem Moment erzählt, als ich dich zum ersten Mal an der Seite unserer Lehrerin Galina Nikolajewna sah. Sie stellte dich der Klasse vor, und du lächeltest zaghaft. Ich fand dich sofort sehr sympathisch, dein Lächeln wirkte auf mich, als ginge in meinem Herzen unversehens die Sonne auf. Insgeheim dachte ich, wie schön es wäre, wenn dieses nette Mädchen meine Freundin würde. Ich war neun Jahre alt, sehr schüchtern und zurückhaltend.

Wie es geschah, daran kann ich mich leider nicht mehr erinnern, aber schon bald wurden wir wirklich Freundinnen. Wahrscheinlich hatte sich der kleine Widder in mir aufgebäumt und mir zu diesem Erfolg verholfen, denn so ängstlich ich auch war, ich verstand es meist, mich auf wundersame Weise durchzusetzen und das zu erreichen, was ich wollte.

Ja, Frida und Rosa galten bald im Dorf als zwei Mädchen, die НЕ РАЗЛЕЙ ВОДА[1] waren und alles gemeinsam machten.

Wenn ich jetzt sage, du seiest damals meine Rettung gewesen, dann ist das keinesfalls übertrieben. Die Freundschaft mit dir gab mir Halt und die Freude am Leben, die mir bislang gefehlt hatte. Sie heilte meine

---

[1] *НЕ РАЗЛЕЙ ВОДА (Nje raslej woda) – eine russische Redewendung – wörtlich übersetzt: „Auch mit Wasser nicht auseinanderzuschütten." Oder einfach: „Unzertrennlich."*

Depression nicht, aber drängte sie in den Hintergrund, sodass nur ein grauer Schatten blieb, der hinter mir herzog, mich aber nicht einhüllte. Nur in nachdenklichen Momenten spürte ich diese Niedergeschlagenheit stärker: Wenn ich zum fernen, schimmernden Horizont, auf den grünen Waldstreifen, in den unendlich tiefen Himmel schaute, war sie wieder da, die drückende Sehnsucht nach etwas Unbestimmten, nach etwas, das ich nicht in Worte fassen konnte. Ich habe dir meine Schwermut nie gezeigt, nie davon erzählt und natürlich wusste ich selbst nicht, dass diese Stimmung ein Krankheitsbild war.

Am Anfang beobachteten meine Eltern die Entwicklung unserer Freundschaft misstrauisch, versuchten sogar, uns auseinanderzubringen, wahrscheinlich, weil deine Mutter nicht gläubig war, denn nur dein Vater war Mitglied der Baptistengemeinde. Sie befürchteten daher deinen ‚schlechten' Einfluss auf mich. Aber unsere Bindung ließ sich nicht zerstören, das sahen meine Eltern bald ein. Und ich denke, sie bemerkten auch, dass mir diese Freundschaft gut tat, dass ihre Tochter dadurch fröhlicher und aufgeschlossener wurde.

Alles, was wir beide gemeinsam unternahmen, machte mir Freude, sei es Waldbeeren oder Pilze sammeln, den Erwachsenen bei den Feldarbeiten helfen oder Hausaufgaben machen, im Baggersee baden oder einfach nur Ball spielen. Sogar der eintönige und mühsame, fünf Kilometer lange Fußmarsch ins Nachbardorf zur Schule war nicht langweilig mit dir und verging wie im Flug.

Wir lachten viel, redeten über alles Mögliche und vertrauten uns unseren ersten Liebeskummer an. Du sprachst mit mir über deine Gefühle für einen bestimmten Jungen, die über Jahre beständig blieben, wenn auch unerwidert von seiner Seite. Ich hingegen war ziemlich oft verliebt, jedoch nie dauerhaft. Schon nach kurzer Zeit verlor ich das Interesse an dem jeweiligen Jungen, der von meinen Gefühlen meist nicht einmal etwas ahnte.

Aber alles erzählte ich dir doch nicht. Zum Beispiel, dass ich für die eine oder andere Lehrerin schwärmte ... Schon damals suchte vermutlich der verborgene Teil meines Selbst den Weg ins Freie. Meine Beziehung zu dir hatte allerdings mit dieser Art Gefühle nichts zu tun; ich war nie in dich ‚verliebt'. Was mich mit dir verband, war eine besonders tiefe, innige Freundschaft, die nicht den geringsten Hauch von Erotik in sich trug.

Die zwei letzten Schuljahre in Moskalenki bei Aneta waren für mein Empfinden die schönsten, obwohl ich den Anschluss in der neuen Klasse nie so richtig finden konnte. Aber ich war frei und das zählte.

Ich erinnere mich noch sehr gut an das wundervolle Gefühl, als uns Mädchen am 30. August 1969 – an einem schönen, sonnigen Tag – ein Lastwagen samt Gepäck und Feldbetten einsammelte. Alles in mir zitterte vor Aufregung, denn für mich war dies die Fahrt in die Freiheit, weg von daheim, von den Eltern – hinein in die Zukunft, die nur besser werden konnte.

Denkst du noch manchmal an den Teremok, an unser Türmchen? An das winzige Häuschen, das meiner

Schwester gehörte? Vier Teenies, ein siebenjähriger Junge und eine Erwachsene, die jeden Blödsinn mitmachte! Ich hatte Freude am Leben, am Herumalbern, Streiche spielen, Lesen, so viel ich wollte, am Aufsätze schreiben und an vielem mehr. Deprimiert war ich nur, wenn ich wieder nach Hause ins Dorf musste – nämlich am Wochenende und in der Ferienzeit.

Ich denke oft darüber nach, wie wenig ein junger Mensch braucht, wenn er einen besten Freund hat und sich des Lebens freut.

Wir tauschten die wenigen Kleidungsstücke, die wir besaßen, untereinander aus, und so durfte ich oft die Jeans deiner Schwester tragen, was natürlich unter den strengen Augen meiner Eltern nicht möglich gewesen wäre. Es war die Zeit der Beatles und jede neue Platte, die wir ergattern konnten, begeisterte uns. Wir gingen so oft wie möglich ins Kino und schluchzten bei den herzzerreißenden Szenen der indischen Streifen. (Bollywood-Filme sind ja auch jetzt wieder bei den jungen Mädchen beliebt). Wir ärgerten die Nachbarjungen, malten lustige Cartoons und schrieben ein gemeinsames Tagebuch – alle fünf. Sogar Edwin kritzelte manchmal ein paar Zeilen hinein. Das Tagebuch, soweit ich weiß, existiert jetzt noch und ist im Besitz deiner Schwester. Oder hast du es vielleicht?

Wir hatten kaum Taschengeld, aber wir fühlten uns trotzdem königlich reich, wenn wir etwas so Banales wie Kaffee kaufen konnten. Dann wurde ein Topf mit Wasser aufgesetzt, zum Kochen gebracht und das Pulver hineingeschüttet (es gab ja keine Kaffeemaschinen in Russland – einem solchen Wunder begegnete ich zum ersten Mal in Deutschland – und große Ahnung vom Kaffeezubereiten hatten wir nicht). Es wurden Brotscheiben in Eiermasse getaucht und in der Pfanne gebraten – fertig war ein köstliches Essen.

Nach dem Abitur gestalteten sich meine Zukunftsaussichten ziemlich ungewiss und dunkel: Mama war schwerkrank und ans Bett gebunden. Natürlich konnte ich sie als die älteste noch im Haus Verbliebene nicht verlassen. Es war nur noch Erna da, vierzehn Jahre alt. Vier meiner Geschwister wohnten längst nicht mehr zu Hause. Jakob leistete den Wehrdienst ab. Ich pflegte die Kranke, so gut ich konnte, und war selbst todunglücklich und entmutigt angesichts ihres Leidens.

Ich bin dir dankbar, dass du für mich da warst, als meine Mutter im August starb, denn ich fürchtete mich so sehr davor, im Haus schlafen zu müssen, während in der Wohnstube der Sarg mit dem Leichnam stand. Ich hatte zwar schon viele tote Menschen gesehen – im Dorf wurden meistens auch die Kinder zu den Beerdigungen mitgenommen. Nun ist es aber etwas völlig anderes, die eigene Mutter tagelang im Sarg liegen zu sehen, als einen fremden Toten kurzzeitig zu Gesicht zu bekommen. Deshalb hatte ich dich gefragt, ob du bei mir übernachten würdest, und du stimmtest zu, ohne zu zögern. Wir schliefen in einem Bett, du hattest mir sogar den ‚sicheren' Platz an der Wand überlassen. Ich weiß nicht, ob ich in der ersten Nacht auch nur ein Auge zugetan habe, aber es war beruhigend, dich an meiner Seite zu wissen.

Irgendwann kommt immer der Augenblick, in der das Leben auch die besten Freunde unwiederbringlich in verschiedene Richtungen davonträgt. Nicht anders erging es auch uns beiden. Die Trennung von dir fiel mir schwer und ich ließ keine Gelegenheit aus, um mich mit dir zu treffen. Du warst da etwas gelassener, würde ich sagen. Ich zeigte Verständnis – wir hatten eigene Familien, Kinder, allerlei Sorgen – viel Zeit blieb für die alte Freundschaft nicht übrig.

Als ich – bereits in Deutschland – durch Zufall erfuhr, dass auch du ausgewandert warst und in Wilhelmshaven wohntest, war ich einerseits sehr erfreut, andererseits auch etwas gekränkt, dass du mich nicht benachrichtigt hattest.

Zweimal sahen wir uns in diesen fast zwanzig Jahren in Deutschland. Einmal besuchten wir dich – Eugen, die Jungen und ich. Da erzählte ich dir über meine ‚fremden' Gefühle (wem sonst, wenn nicht der besten Freundin?) und du sagtest erstaunt etwas wie: „Du warst schon immer für Überraschungen gut."

Unser letztes Wiedersehen fand bei Eugens Beerdigung statt.

So richtig weiß ich nicht, wie du zu mir stehst, Frida. Offen darüber gesprochen hatten wir nicht, aber mein Gefühl sagt mir, dass du meine Art zu leben möglicherweise nicht nachvollziehen kannst. Vielleicht irre ich mich auch, vielleicht spielen einfach nur die Wechselfälle des Lebens eine Rolle, dass unsere Freundschaft sich verlor.

Ich will ehrlich sein – ich vermisse dich auch jetzt noch sehr. Oft träume ich von dir, davon, dass ich verzweifelt versuche, deine Telefonnummer in Erfahrung zu bringen. Wenn ich sie endlich habe und anrufe, dann nimmst du den Hörer nicht ab. Und dann weiß ich – du möchtest gar nicht mit mir reden, du möchtest mich gar nicht sehen. In meinem Herzen existiert unsere Freundschaft immer noch ... Vielleicht soll ich darunter endlich einen Strich ziehen und alles so akzeptieren wie es ist.

Im Jahr 2005 unternahm ich noch einmal den Versuch, mich dir zu nähern, indem ich dir einen ausführlichen Brief schrieb, wartete aber vergeblich auf eine Antwort. Schließlich rief ich dich an und du bestätigtest mir, dass du den Brief erhalten und mehrmals gelesen hättest. Mit einer Meinung hieltest du dich zurück.

Ich weiß ja, dass dein Mann Menschen nicht akzeptiert, die wie ich fühlen. Aber ich schrieb dir auch, dass du mich einfach allein besuchen könntest, bot dir an, dich für ein Wochenende abzuholen und danach wieder zurückzubringen. Es gibt so viele Möglichkeiten, man muss sie nur wahrnehmen (und sich von niemandem einschüchtern lassen). Bedrängen wollte ich dich nicht, es hätte deine Entscheidung sein müssen, unabhängig von deiner Familie – auch das schrieb ich dir.

Ich finde, Freundschaft ist etwas sehr, sehr Wertvolles, und manchmal muss man auch um sie kämpfen, sie verteidigen.

Du hast mir deine Entscheidung in dieser Hinsicht nie mitgeteilt. Vermutlich hast du dich gegen mich entschieden, aber den Mut nicht gefunden, ehrlich zu sein. Schade. Und damit schließe ich meinen Monolog – am 12. Oktober 2011. Ohne sicher zu sein, dass du diese Zeilen irgendwann lesen wirst, unterschreibe ich sie so:

Deine (seit 48 Jahren) immer noch beste Freundin
Rosa

Oktober 2011

Zu gut für diese Welt

Kaum ein Mensch kann behaupten, er sei nur einmal im Leben verliebt gewesen. Ich bin da auch keine Ausnahme. Ich war in jungen Jahren sogar recht oft verliebt und nicht unbedingt in Mädchen und Frauen, auch wenn es jene verwundern mag, die meinen Familienstand kennen. Das Andere, das gesellschaftlich gemeinhin als ‚verboten' Geltende, schlummerte noch tief in mir verborgen und meldete sich nur gelegentlich in Form einer Schwärmerei. Ich heiratete einen Mann, nicht weil es der Norm entsprach und von der Gesellschaft so verlangt wurde, sondern weil ich ihn liebte.

Zum ersten Mal sah ich ihn in der neuen Schule, in die ich nach der achten Klasse wechseln musste, um das

Abitur zu machen. Auf die noch unbekannten Lehrer war ich sehr gespannt. Was erwartete mich? ...

In der ersten Physikstunde betrat ein junger, sympathischer Mann den Raum, mit einer Aktentasche in der Hand und dem Klassenbuch unterm Arm. Er begrüßte alle, verteilte seine Arbeitsutensilien auf dem Tisch und schenkte seine Aufmerksamkeit zunächst den drei neuen Schülern, unter denen auch ich war.

Liebe auf den ersten Blick?

Das nicht, aber ich war sofort von diesem Physik- und Astronomie-Lehrer angetan – von seiner ruhigen, etwas schüchternen Art, seiner angenehmen, warmen Stimme, seinem unverfälschten Interesse an den jungen Menschen, die vor ihm saßen. Mir entging nicht, dass alle in der Klasse ihn mochten. Mit seinen 22 Jahren gehörte er zu den jüngsten und beliebtesten Lehrern der Schule.

Die Schüler und Kollegen nannten ihn Jewgenij Wladimirowitsch – die in Russland übliche höfliche Anrede mit Vor- und Vatersnamen. Es dauerte nicht lange, bis ich seinem Charme restlos erlegen war. Er selbst wusste allerdings nicht, welche Anziehungskraft er für mich besaß. Ich liebte ihn heimlich, was nicht gerade gut für mein ohnehin zur Schwermut neigendes Gemüt war.

Aber was sollte ich tun? Er war mein Lehrer, ich seine Schülerin und es gab unumstößliche Regeln.

Am Ende des neunten Schuljahres wurde J. W. zum Wehrdienst einberufen, zwar nur für ein Jahr, aber mir erschien es wie eine halbe Ewigkeit. Am schlimmsten war die Vorstellung, dass ich ihn möglicherweise nicht mehr zu Gesicht bekäme, denn nach der zehnten Klasse würde mit dem Lernen zunächst einmal Schluss sein.

Es ist überflüssig, hier in aller Ausführlichkeit zu erzählen, wie sehr ich mich nach J. W. sehnte, wie stark mein Liebeskummer war, wie langsam die Zeit verging. Davon kann fast jeder auf seine Weise ein Lied singen.

Als ich im Mai 1971 mitten in den Abschlussprüfungen steckte, hörte ich, dass J. W. aus der Armee entlassen worden sei. Meine aufflammende Hoffnung, ihm doch noch in der Schule zu begegnen, erfüllte sich aber nicht. Nun baute ich sehr darauf, dass er zum Abschlussball kommen werde und schmiedete einen Plan – nichts besonders Originelles, im Prinzip nur das, was ich mit eigenen Mitteln zustande bringen konnte. Dieses Mittel war meine Fähigkeit zu schreiben – was sonst? Ich befand mich an einem Punkt, an dem es so wie bisher nicht mehr weitergehen konnte. Ich musste Klarheit in mein Leben bringen. Der einzige Weg dazu führte über die Offenlegung meiner ‚Karten'.

Den Brief mit meinem Liebesgeständnis beabsichtigte ich J. W. während der Feier auszuhändigen. Aber er war an diesem Abend gar nicht da. Enttäuscht und niedergeschlagen entschloss ich mich kurzerhand, den Umschlag dem Mathematik-Lehrer zu übergeben mit der Bitte, ihn an den Adressaten weiterzureichen. Der Lehrer versprach mir, dies zu tun.

Schweren Herzens verließ ich die Schule – für immer. Jetzt hieß es, sich in Geduld üben, zu bangen und zu hoffen. Das Warten wurde zur Qual. Woche um Woche verging und es tat sich nichts. Ich musste mir eingestehen, dass ich wahrscheinlich keine Antwort bekommen werde. Hatte mich mein Gefühl so sehr getäuscht? Ich war mir sicher gewesen, dass J. W. sich melden werde. Hatte ich ihn falsch eingeschätzt, indem ich ihn für einen feinfühligen und aufrichtigen Menschen hielt? Ich konnte sein Schweigen kaum fassen, war zutiefst gekränkt, aber mir blieb wohl nichts anderes übrig, als mich damit abzufinden und zu versuchen, ihn zu vergessen.

Meine Mutter war zu dieser Zeit schwerkrank, die Pflege und die Sorgen um sie, der Haushalt – fast alles lag auf meinen Schultern, denn nur ich und meine drei Jahre jüngere Schwester waren noch daheim und Vater hatte genug im Kolchos und auf dem eigenen Hof zu tun.

Eines Freitagabends kam meine beste Freundin Frida zu mir. Ihr Gesicht strahlte. Sie war natürlich im Bilde, was meine Gefühle für J. W. betraf.

„Ich habe einen Brief für dich“, verkündete sie feierlich und reichte mir einen Umschlag. Ich erkannte die Handschrift sofort. Aber weshalb stand darauf Anetas Adresse in Moskalenki und als Empfänger Fridas Name? Allerdings sah ich auch das, was dahinter in Klammern stand: *(для Розы Шиц – für Rosa Schütz).*

Frida erzählte, den Brief habe ihre Schwester mitgebracht, die weiterhin bei Aneta wohnte und gerade übers Wochenende nach Hause gekommen war.

Meine Freundin ließ mich taktvoll allein, worüber ich natürlich überhaupt nicht böse war. Zitternd öffnete ich den Umschlag und holte ein auf beiden Seiten dicht beschriebenes Blatt Papier heraus …

Ich las und las … kannte den Text bald schon auswendig … las ihn trotzdem immer und immer wieder. Die kleinen, aneinandergereihten blauen Häkchen zogen mich magisch an. Leise wiederholte ich den Namen Shenja, der am Ende des Schreibens stand, und ließ ihn mir auf der Zunge zergehen. Für mich war es der schönste, der klangvollste Name der Welt.

In dieser Nacht war an Schlafen nicht zu denken. Ich lag wach, das Dunkel um mich herum schien sich aufgelöst zu haben. Zum zehnten, zum hundertsten Mal rief ich mir die wundervollen Worte ins Gedächtnis und konnte es kaum glauben, dass sie für mich bestimmt waren, für mich – ein unscheinbares, schüchternes Mädchen, das so wenig vom Leben erwartete und doch von so vielem träumte. Jetzt wusste ich auch, warum Shenjas Antwort so spät bei mir eingetroffen war. Unfassbar – der Umschlag mit meinem Brief war vom Schulbibliothekar N. I. in einem Buch entdeckt worden, das der Mathematiklehrer zurückgebracht hatte. (Vermutlich hatte er ihn als Lesezeichen zwischen die Buchseiten gelegt und ihn darin völlig vergessen). Da der Bibliothekar mit Shenja befreundet war und die Adresse seiner Eltern in

Omsk kannte, wo er die Ferien verbrachte, schickte er ihm den Brief zu. So kam meine Liebeserklärung doch noch an.

Shenja schrieb, dass er sich gut an mich erinnere, an das stille Mädchen aus der ersten Reihe, mit den klugen, oft traurigen Augen, dass er auch einige meiner Aufsätze gelesen habe, von denen die Russisch-Lehrerin immer so begeistert sprach. Er sei von meinen Gefühlen für ihn sehr überrascht und berührt und habe überhaupt nichts davon geahnt. Der zentrale, der wichtigste Punkt seiner Botschaft war jedoch für mich – er bot mir seine Freundschaft an und schrieb, vielleicht ... vielleicht könne daraus auch mehr werden. Ich war mir ganz sicher, dass daraus mehr erwachsen werde, das sagte mir mein sechster Sinn.

Diese schlaflose Nacht war für mich von einem einzigen unendlichen Glücksgefühl erfüllt. Staunend dachte ich daran, welche Umwege doch unser beider Briefe genommen hatten, ehe sie den richtigen Adressaten erreichten. Aber sie waren angekommen! Trotz allem angekommen! Ich betrachtete dies als eine Fügung des Schicksals. In Gedanken formulierte ich meine Antwort, die ich bei Tageslicht nur noch aufschreiben und abschicken musste. Leider war die Post in dem riesengroßen Land ziemlich lange unterwegs und ich musste mich in Geduld üben, was mir sehr schwer fiel.

Das erste Mal trafen wir uns in Moskalenki. Ich fuhr mit dem Bus dorthin. Shenja erwartete mich an der Haltestelle. Ich war ungeheuer aufgewühlt, mein Herz fiel ins Bodenlose, aber als er mir die Hand reichte, mir in die Augen schaute und mich anlächelte, verflog all meine Angst – ich fühlte mich sofort sicher und wohl mit ihm. Es gab damals keine Cafés oder dergleichen, in denen man sich in ein Eckchen hätte setzen können. Wir liefen daher einfach stundenlang durch die Straßen des kleinen Städtchens und erzählten einander aus unserem Leben.

So fing unsere Freundschaft an, die sich recht schnell zu einer Liebesbeziehung entwickelte. Es war Sommer – Ferienzeit. Da ich mich wegen der kranken Mutter nicht so leicht von zu Hause wegstehlen konnte, kam Shenja gewöhnlich zu mir ins Dorf. Die zwölf Kilometer marschierte er stets zu Fuß.

Im August starb meine Mutter. Ich hatte ihm diese traurige Nachricht nicht übermitteln können, weil er sich gerade bei seinen Eltern in Omsk aufhielt und ein Telefon besaßen wir nicht. Er fehlte mir so sehr in diesen Tagen nach Mutters Tod. Wie groß war meine Überraschung, als ich ihn am Tag der Beerdigung die Dorfstraße entlangkommen sah! Er habe gespürt, dass etwas geschehen sei, war die schlichte Erklärung für seine Anwesenheit …

Als alles vorbei war und die immense Last von mir abfiel, die ich einen Sommer lang auf meinen Schultern getragen hatte, spürte ich trotz der Erleichterung mein Herz gleichzeitig schwer werden. Ein Schuldgefühl baute sich in mir auf: Mutter lag unter der Erde und ich freute mich, weil ich lebte und liebte! Diese Gedanken trieben mir Tränen in die Augen. Ich konnte meine Emotionen nicht mehr beherrschen, sie brachen regelrecht aus mir heraus. Doch diesmal hatte ich meinen Freund, seinen Schutz und seinen Trost. Behutsam nahm Shenja mich in den Arm, sagte mir, ich habe für meine Mutter gesorgt und etwas getan, das nicht jeder in meinem Alter fertigbrächte. Ich habe ein Anrecht auf ein eigenes Leben. Ich dürfe dies – glücklich sein. Er wählte einfache Worte, aber in ihnen lag so viel Überzeugungskraft, dass ich nicht anders konnte, als ihm zu glauben, ihm zu vertrauen. Das war das Einzigartige, das Wunderbare an diesem Mann, das, was ich an ihm so schätzte: Ganz gleich, wie schlecht es mir manchmal ging, er schaffte es immer, mich aufzubauen, mir Trost zu schenken und neuen Mut zu geben. Selbst später, als unsere Wege sich trennten, konnte es keiner so gut wie er. Shenjas Motto war: „Denke zuerst an den Mitmenschen, danach an dich selbst." Es war für ihn keine leere Floskel – nach diesem Prinzip lebte er.

Er war ein hervorragender Lehrer, aber auch ein Mensch, der sich alles sehr zu Herzen nahm. Das erschwerte ihm seine pädagogische Tätigkeit. Als wir in Omsk wohnten und unsere beiden Söhne heranwuchsen, arbeitete er in einer Internatsschule für schwererziehbare Kinder. Das, was er während dieser Zeit sah und erlebte und trotz all seiner Herzensgüte nicht ändern konnte, verkraftete er sehr schlecht. Es bewog ihn schließlich, den Lehrerberuf aufzugeben.

Von der Sonne geblendet. Die Familie Ananitschev im Jahr 1981

Die letzten sieben Jahre vor unserer Ausreise arbeitete Shenja als Isolierer. Auch diese Arbeit verrichtete er sehr gewissenhaft, obwohl es eine der härtesten Tätigkeiten war, besonders während der Winterzeit und auch, weil er mit gesundheitsschädigender Glaswolle umgehen musste. Gezielten Arbeitsschutz wie heutzutage gab es damals noch nicht und wenn – dann gewiss nicht in Russland.

Auf das westliche Deutschland war Shenja sehr gespannt. Er, der lange Zeit Mitglied der Kommunistischen Partei gewesen war – und irgendwann aus Gewissensgründen austrat – wollte den so genannten Kapitalismus mit eigenen Augen sehen, am eigenen Leib erfahren.

In Deutschland verspürte Eugen (deutscher Name für Jewgenij) dann anfangs enorme Wut in sich, die sich gegen seine Heimat, genauer gesagt, gegen deren Machthaber richtete. Angesichts der ihm inzwischen hinreichend bekannten Gräueltaten, die seit 1917 in Russland verübt worden waren, fehlte ihm jede korrekte Vorstellung über das öffentliche Leben und politische Geschehen jenseits der Landesgrenzen. Nun war er sehr beeindruckt, wie hoch im 'kapitalistischen Land' in der Regel ein Menschenleben und dessen Wohl geschätzt und geachtet wurde. Der Vergleich mit den Erfahrungen seines Lebens im Sozialismus führte ihn zu neuen, wichtigen Erkenntnissen, die er verarbeiten musste. Eugen begann seine Gedanken aufzuschreiben. Er machte es sich zur Lebensaufgabe, die Dinge, die ihn bewegten und nicht zur Ruhe kommen ließen, in einem Manuskript festzuhalten. Es wurden über 500 DIN A4 Seiten in russischer Sprache und es wären sicher noch mehr geworden, wenn der Tod ihn nicht mitten aus dem Leben gerissen hätte.

Diesen schrecklichen Tag, den 12. April 2005, werde ich nie vergessen. Es war ein Dienstag, ich war gerade am Parkplatz nahe der Bücherei angekommen, als meine Lebensgefährtin Dagmar mich anrief. Ihre Stimme klang belegt. „Fahr bitte rechts 'ran, falls du noch unterwegs bist. Ich muss dir etwas sagen."

Ich begriff zunächst nicht, dass es um eine schlimme Nachricht ging und versicherte: „Ich habe schon eingeparkt. Was ist denn?"

„Ich wurde soeben aus dem Krankenhaus angerufen."

Ich verstand noch immer nicht.

„Man hat mir gesagt, Eugen sei tot.“

„Wie? Eugen ist tot? Eugen??? Das kann nicht sein.“

Ich hörte Dagmar tief Luft holen und dann berichtete sie, eine Frau, die gebrochen Deutsch sprach, habe sie benachrichtigt, dass Eugen Ananitschev soeben im Krankenhaus verstorben sei.

Nein, das konnte ich nicht glauben, das wollte ich nicht wahrhaben! Gewiss hatte sich da jemand einen bösen Scherz erlaubt. Aber es war kein Scherz. Auf dem Weg zur Arbeit, den er wie immer zu Fuß ging, hatte Eugen einen schweren Herzinfarkt erlitten. Er war erst siebenundfünfzig Jahre alt …

Seit 1997 lebten wir getrennt, hatten aber ein sehr gutes Verhältnis und immer noch volles Vertrauen zueinander. Im Grunde waren wir mehr als nur die besten Freunde geblieben. Als ich Eugen 1996 gestand, dass ich mich sexuell anders ‚orientiert‘ habe, mich zum eigenen Geschlecht hingezogen fühle, nahm er diese schwerwiegende Eröffnung mit Würde und viel menschlichem Verständnis auf. Eugen eben! Eugen – so wie er war!

Fünfundzwanzig gemeinsame Jahre! Wir hätten noch die silberne Hochzeit feiern können, aber keinem von beiden stand der Sinn danach. Unsere Ehe hatte sich allmählich aufgelöst, schon vor Jahren. Ob es anders gelaufen wäre, wenn es gewisse Probleme, die von Anfang an bestanden, nicht gegeben hätte? Vielleicht … vielleicht aber auch nicht. Eines weiß ich jedoch mit Sicherheit: Wenn ich die Zeit bis zu jenem April im Jahr

1972 zurückdrehen könnte, in dem wir unsere Ehe schlossen, wenn ich dann die Möglichkeit hätte, einen anderen Weg zu wählen, ich ginge ihn nicht. Ich hätte diesen Mann, den Vater meiner Kinder, wieder ohne Zögern geheiratet. Nur hätte ich mit meinen jetzigen Erfahrungen im Verlauf der fünfundzwanzig Jahre so einiges anders, besser gemacht.

Nein, Eugen war durchaus kein perfekter Mensch. Auch er traf nicht immer die richtigen Entscheidungen, auch ihm unterliefen Fehler, die er bereute, die er vielleicht gern wieder gutgemacht hätte. Auch er tat den Nahestehenden manchmal weh. Aber er war ein Mensch, der seinen Zeitgenossen an Herzensgüte weit voraus war. Nicht umsonst versichert meine Partnerin – und auch von anderen habe ich diesen Satz schon mehrmals gehört – Eugen Ananitschev sei zu gut für diese Welt gewesen.

Im Verlauf dieser Aufzeichnungen konnte ich etwas für mich sehr Wertvolles erkennen – bei allem Unglück hatte und habe ich großes Glück in meinem Leben. Ich war und bin immer von Menschen umgeben, die mich auffingen, die mich nicht fallen ließen und dies gilt bis zum heutigen Tag: Es waren meine beste Freundin und mein Ehemann, es sind meine Lebenspartnerin, meine Freunde und keinesfalls zuletzt – meine Kinder.

Angekommen

Seit über zwanzig Jahren hatte ich diese Papiere nicht mehr in der Hand.

Als ich mich 1997 von meinem Mann trennte, überließ ich sie ihm. Nach seinem Tod im April 2005 wanderten sie mit all seinem schriftlichen Nachlass wieder zu mir zurück. Bevor ich mich an die folgende Geschichte machte, holte ich sie aus dem Aktenschrank – einen umfänglichen Umschlag, auf dem – von Eugens Hand geschrieben – in Russisch stand ***„Ausreise. Einbürgerung“***.

Ich breitete die Unterlagen auf dem Tisch aus und ein seltsames Gefühl überkam mich – eine Mischung aus Bedrücktheit, Wehmut und etwas Uraltem, das mich einst ausgemacht hatte, eine Person – die ich vor vielen Jahren war.

Tränen schossen mir in die Augen angesichts dieser schon mitgenommenen DIN A4 Blätter, die mit so vielen Emotionen verbunden waren, die noch immer Emotionen hervorriefen. Jedes einzelne Dokument hatte seine eigene Geschichte. Alles steckte wohl konserviert in diesem Umschlag – Hoffnung, Zukunftspläne, Schmerz, Entsetzen, Freude.

Der Entschluss, Russland zu verlassen, reifte damals nur allmählich in uns. Ich glaube, Eugen und ich diskutierten nicht einmal besonders viel darüber, jeder erreichte mehr oder weniger selbst den Punkt, an dem er seine Gedanken laut äußerte. Wir waren uns einig darin, auszuwandern, auch wenn die Beweggründe nicht unbedingt die gleichen waren:

Mein Mann war von seinem Vaterland, vom sozialistischen System an sich enttäuscht, um es vereinfacht auszudrücken. Die nicht zu beantwortenden Fragen, warum und weshalb das Land diese Entwicklung genommen hatte, ließen ihm keine Ruhe, quälten ihn. Er wollte unbedingt jenes andere, als menschenfeindlich gebrandmarkte System kennenlernen, wollte vergleichen und das Unbegreifliche verstehen.

Bei mir waren es eher die innere Unruhe, die Schwierigkeit, angesichts leerer Kaufhäuser alltägliche wirtschaftliche Probleme zu bewältigen, die Sehnsucht nach der fernen, unbekannten Heimat meiner Vorfahren. Aber all diese Gründe waren von beiden Seiten einem großen Wunsch untergeordnet – dem, unsere Kinder in Sicherheit zu wissen.

Alexej, dem Ältesten, drohte die Einberufung in die Armee, Pawel war asthmakrank und die durch viele Chemiewerke verpestete Luft in Omsk trug nur zur Verschlechterung seiner Lebensqualität bei. Also wollten die beiden Jungen ebenfalls 'nichts wie weg'.

Aneta – ich erwähnte es schon – schaffte es als Erste von uns sieben Geschwistern, Russland zu verlassen. Sie bot mir nach geglückter Einbürgerung umgehend an, auch unsere Ausreise in die Wege zu leiten und übernahm für uns die Rolle der Bevollmächtigten.

Am Anfang dieses Weges stand der Aussiedlerantrag zur Aufnahme in die Bundesrepublik Deutschland – ein umfangreicher Fragebogen, von dem ich leider keine Kopie mehr besitze; ich erinnere mich jedoch, dass es mehr als dreißig Seiten mit vielfältigen Fragen waren. Deren Beantwortung bedeutete eine Menge Arbeit, insbesondere, weil ich viele Informationen mühsam zusammenzutragen hatte und die deutsche Sprache – vor allem das Amtsdeutsch – noch nicht so gut beherrschte.

Alexej musste einen eigenen Antrag stellen, da er schon achtzehn und seit dem sechzehnten Lebensjahr im Besitz eines russischen Passes war. Dieser Umstand wurde ihm später allerdings zum Verhängnis.

Was Eugen betraf – obwohl er ein ‚waschechter' Russe war, hatte er als mein Ehemann die gleichen Einreise- und Einbürgerungs-Privilegien wie ich.

Unsere Odyssee begann …

Zunächst war Warten angesagt, das über ein Jahr andauerte. Dann der erste Schock – Alexejs Antrag wurde abgelehnt. Die Begründung folgte ausführlich auf zwei Seiten, obwohl man es viel kürzer hätte formulieren können. Meine knappe Version: Da der junge Mann als Russe eingetragen (in Russland ist die Angabe der Nationalität im Pass erforderlich) und zudem der deutschen Sprache nicht mächtig sei, bekenne er sich als dem russischen Volk zugehörig und sei nicht berechtigt, einen Wohnsitz in Deutschland zu beanspruchen.

Zum besseren Verständnis der Vorgänge sei angemerkt: Der gesamte Schriftverkehr zwischen uns und den Behörden in Deutschland lief über meine Schwester. Jedoch erhielt sie Unterlagen von uns nicht durch die Post und ebenso wenig schickte sie dergleichen auf diesem Weg an uns, denn zu dieser Zeit herrschte in Russland Chaos, wenn nicht gar Anarchie.

Briefe und Pakete gingen sehr häufig ‚verloren' und wenn nicht, dann dauerte es Wochen und sogar Monate, bis sie ans Ziel gelangten. Vor diesem Desaster standen die ausreisewilligen Deutschen, besonders wenn es in den entsprechenden Unterlagen um das Einhalten der Widerspruchfristen ging. Deswegen gab es spezielle Kurierdienste, welche für eine angemessene Bezahlung die Briefe schnellstmöglich zustellten, oder man gab sie einem vertrauenswürdigen Menschen mit, der sich gerade auf den Weg ins entsprechende Land machte.

Ich war also infolge dieses negativen Bescheides am Boden zerstört. Was sollten wir jetzt tun?

Inzwischen war Alexej schon dreimal der Einberufung entgangen, weil ein Arzt, der mit meinem Bruder Jakob befreundet war, ihm bei der Musterung wiederholt eine Hautkrankheit bescheinigt hatte. Er versprach, dies auch weiterhin zu tun. Aber durfte man darauf bauen? Sich deshalb sicher fühlen? Ich wusste – auf Dauer würde das nicht gut gehen.

Eine Option wurde Alexej jedoch von deutscher Seite eröffnet. Am Schluss des Schreibens stand nach den Worten *'Ihr Aufnahmeantrag ist daher abzulehnen'* noch dieser Absatz: *'Unabhängig davon haben Sie allerdings die Möglichkeit, einen Antrag auf Übernahme im Rahmen der Familienzusammenführung gem. § 94 BVFG zu stellen. Ein Antragsformular ist als Anlage beigefügt'.*

Aber dieser Antrag würde – wie uns Aneta mitteilte und wie es auch dem dazugehörigen Text zu entnehmen war – wiederum nur dann Erfolg haben, wenn die betreffende Person einen Nachweis für ihre Hilfsbedürftigkeit erbringen konnte.

Im Grunde war unser Sohn hilfsbedürftig, denn er hatte noch kein festes Einkommen. Aber wie sollte dies bescheinigt werden? Etwas Ähnliches wie ein Arbeitsamt gab es in Russland nicht.

Nun ist ja allgemein bekannt – Not macht erfinderisch. Ich wurde bei der Verwaltung der Uni vorstellig, in deren wissenschaftlichen Bibliothek ich arbeitete, erzählte der Leiterin der Personalabteilung, einer sehr netten Frau, die ganze Geschichte und bat sie um einen Gefallen.

Sie verstehe mein Problem, sie habe selbst Kinder, sagte sie und stellte eine Bescheinigung aus, dass Alexej

Ananitschev, Vatersname Jewgenij, an der staatlichen Universität Omsk im ersten Semester Chemie studiere.

Es war eine Fälschung, aber ich gebe gern zu – ich habe mich deswegen nie schuldig gefühlt.

Die Bescheinigung schickte ich auf bereits geschildertem Weg nach Siegen zu Aneta, die sie ins Deutsche übersetzen ließ und den Antrag auf Familienzusammenführung auch sofort einreichte.

Das war Ende März 1992. Es dauerte nur etwas mehr als eine Woche, bis Aneta uns eine wunderbare Nachricht zukommen ließ, die wir so schnell gar nicht erwartet hatten: Der Antrag war bewilligt worden. So erhielt Alexej noch vor uns die Erlaubnis (Übernahmegenehmigung), in die BRD einzureisen. Wir Eltern und Paul (er war ja noch minderjährig) bekamen unseren Aufnahmebescheid erst zwei Monate später. Mitte August erreichte uns dann für alle vier die lang ersehnte Anforderung zur ständigen Wohnsitznahme in Deutschland.

Erst dieses amtliche Papier erlaubte es uns, Reisepässe zu beantragen. Die zweite Etappe des Kampfes begann. Es war nicht einfach, Russland zu verlassen. Jeder Schritt wurde den Antragstellern erschwert. Nur durch Beziehungen konnte man etwas schneller erreichen.

Die Last der behördlichen Abwicklungen lag allein auf meinen Schultern. Eugen war – sagen wir mal so – für dergleichen Dinge nicht geeignet. Zudem war ja auch ich diejenige, die eine Ausreise anstrebte – die Deutsche, sozusagen die Verursacherin.

Es gab unendlich viel Papierkram zu erledigen: Alle

Dokumente mussten kopiert, beglaubigt, ins Deutsche übersetzt und diese wiederum kopiert und beglaubigt werden. Es ging dabei um Geburtsurkunden, Heiratsurkunden (auch die meiner Eltern), Arbeitsbücher, Diplome, Atteste, diverse Bescheinigungen – müßig, dies alles aufzuzählen.

Mitte November war es dann so weit: Wir hatten die Reisepässe erhalten, die Arbeitsverhältnisse waren gekündigt, die Papiere geordnet, die Koffer gepackt, die Wohnung war ordnungsgemäß übergeben (an die Nichte meines Mannes).

Wir veranstalteten eine kleine Abschiedsfeier. Ich muss zugeben, es war sehr schwer, all den Menschen, die wir lieb gewonnen hatten, Lebewohl zu sagen, verbunden mit dem Gedanken, dass man sie wahrscheinlich nicht wiedersah. Meine Schwiegermutter tat mir besonders leid, sie musste sich vom Sohn und den Enkelkindern trennen.

Wer nun meint, wir hätten alles überstanden und die nächste Station sei die Ankunft auf einem Flughafen in Deutschland gewesen, der täuscht sich.

Die nächste Station war Moskau und dort nahm die dritte Etappe unserer Odyssee ihren Lauf, die schlimmste von allen. Uns fehlte ja noch das Wichtigste – die Aufenthaltserlaubnis für die Bundesrepublik Deutschland. Sie zu bekommen, erwies sich im wahrsten Sinne des Wortes als Kampf: Der Ansturm auf die deutsche Botschaft war enorm. Viele Russland-Deutsche wollten wie wir das Land verlassen.

Nicht wenige Moskauer nutzten diese Gelegenheit, um ‚gutes Geld' zu machen, und vermieteten Zimmer oder ganze Wohnungen zwecks Übernachtung an ausreisende Familien. Auch für uns hatte eine von Eugens Verwandten, die in der Hauptstadt wohnte, eine kleine Wohnung organisiert, in der wir fast zwei Wochen mit Warten verbrachten.

Es war sehr kalt in diesem November 1992, aber wir machten uns jeden Morgen auf den Weg zur Botschaft und harrten dort aus – v*or* dem Gebäude, versteht sich – bis abends geschlossen wurde. Diese tägliche Prozedur hieß nicht umsonst Schlangenstehen. Es wurden Listen geführt, jeder bekam eine Nummer (sie war dreistellig im höheren Bereich!) und wehe! man war zur Appellstunde nicht da – dann wurde man erbarmungslos übergangen. Horror pur! Ich habe noch im Gedächtnis, dass es oft zu heftigen verbalen Auseinandersetzungen bis hin zu Handgreiflichkeiten kam.

Am 2. Dezember spätnachmittags waren Eugen und ich so nahe am Tor, dass wir hoffen durften, noch an diesem Tag abgefertigt zu werden. Als man das Portal öffnete, um die nächste Gruppe Wartender einzulassen, brach großes Durcheinander aus. Menschen schrien, stießen einander weg; Männer, die kräftig genug waren, drängten sich rücksichtslos nach vorn.

Mir blieb vor Schreck fast das Herz stehen. Ich kann mir bis heute nicht erklären, wie Eugen und ich es schafften, beieinander zu bleiben. Neben uns entwickelte sich eine Schlägerei. Eugen nutzte die ‚Gunst der

Stunde' und schob mich zum offenen Tor … und auf einmal waren wir nicht mehr davor, sondern dahinter, auf dem Gelände der Botschaft. Mein Herz klopfte aufgeregt – endlich! Jetzt würde hoffentlich nichts mehr ‚schief laufen'! Mir war bekannt, dass man schon so manchen abgewiesen hatte, weil sich irgendeine Übersetzung in den Papieren als fehlerhaft erwies.

Es war warm, hell und ruhig in der deutschen Botschaft. Man führte uns in ein Zimmer und stellte ein paar Fragen, die ich zum Glück beantworten konnte. Dann schlug die Stunde der Wahrheit. Ich sah gebannt zu, wie die Visa in unsere Pässe eingeklebt wurden. Alles lief reibungslos. Jetzt konnte uns nichts mehr aufhalten. Es sei denn, wir bekamen keine Flugtickets … diese Hürde musste auch noch genommen werden.

Aber diesmal war das Glück insoweit auf unserer Seite, dass wir schon am 4. Dezember in einer Maschine der Lufthansa saßen und vom russischen Boden wahrhaftig und endgültig abhoben …

Ich weiß es noch, als sei es gestern gewesen:

Deutschland – Flughafen Frankfurt am Main. Es ist Abend, wir steigen aus dem Flieger. Ich bin aufgeregt, voller Erwartungen, freue mich auf das Wiedersehen mit meinen Geschwistern. (Mittlerweile waren ja schon alle in Deutschland, bis auf unsere Jüngste). Sie wollten am Flughafen sein – Aneta, Ida, Jakob …

Es ist keiner da. Die Zeit vergeht, die Russland-Deutschen werden zusammengerufen, in zwei Gruppen aufgeteilt, zu den Bussen geführt ...

Noch immer ist keiner meiner Lieben in Sicht. Paul muss auf die Toilette. Ich gehe mit ihm ins Gebäude, frage nach, wo sie ist. Die Leute sind hilfsbereit, freundlich, es ist alles so schön uns sauber, aber ich – ich kann plötzlich nicht mehr ...

Ohne jede Vorwarnung bricht die Welt für mich zusammen. Die Freude ist weg, die Kraft ist weg, der Mut ist weg. Nur *sie* ist da, in aller Größe und Hässlichkeit – die Depression, die bereits an Panik grenzt. Als ich mit Paul wieder draußen bin, sehe ich Ida mit ihrer Tochter und dem Schwiegersohn. Es ist also doch noch jemand gekommen. Aber an meinem Gemütszustand ändert sich dadurch nichts, es ist zu spät ...

Die vierte Etappe: Dranse, ein kleiner Ort ca. 130 Kilometer von Berlin entfernt. Hier werden wir zusammen mit vielen anderen Russland-Deutschen in einem Aufnahmelager untergebracht. Die Busfahrt aus Frankfurt dauerte die ganze Nacht, erst im Morgengrauen erreichten wir das kleine Städtchen. Ich hatte kein Auge zugemacht, bin wie gelähmt, kann mich weder an der wunderschönen Landschaft noch an den vielen Leckereien erfreuen, mit denen Ida uns versorgte und von denen wir in Russland nicht mal geträumt hätten. Mir schmeckt nichts, ich sehe nichts, ich will nichts. So lange habe ich durchgehalten, gekämpft, geplant und gesorgt und nun? Alle meine Versuche, mich selbst aufzubauen, mich zusammenzureißen, sind vergebens ...

Es lässt sich nicht anders ausdrücken: Es war eine schlimme Zeit für mich.

Und doch musste ich irgendwie funktionieren, meine Familie brauchte mich, war auf mich angewiesen. Nur ich beherrschte die deutsche Sprache einigermaßen, ich war die Verbindung zu der uns noch so fremden Welt.

Ich musste! Ich durfte nicht versagen! Und so schleppte ich mich durch die nächsten Formalitäten. Wir drei – Eugen, Paul und ich – wurden als Aussiedler registriert, man würde uns einbürgern. Alexej dagegen – als Ausländer – hatte erst in zehn Jahren ein Anrecht auf die deutsche Staatsangehörigkeit.

Es wurde nun auch über unseren Wohnort entschieden. Wir sollten nach Chemnitz, wo sich bereits mein ältester Bruder befand. Oh nein! – nur das nicht, auf keinen Fall wollte ich dahin! Mein Kampfgeist erwachte, hob den Kopf aus dem grauen Nebel, der mich eingehüllt hatte. Ich versuchte, den Beamten umzustimmen, erklärte ihm, dass ich in die Nähe meiner Schwester möchte, dass sie für uns so viel getan habe. Der Mann blieb grundsätzlich bei seiner Entscheidung, schränkte allerdings ein, es gäbe die Möglichkeit, im westlichen Teil Deutschlands unterzukommen, wenn wir dort einen Mietvertrag für eine Wohnung nachweisen könnten.

In meiner Verzweiflung rief ich Aneta in Siegen an, bat sie, irgendetwas zu unternehmen. Sie versprach es und sagte, ich solle sie am nächsten Tag wieder anrufen. Bangen Herzens meldete ich mich einen Tag später erneut bei ihr. Sie teilte mir mit, unsere Nichte (Lillis Tochter), die in Dortmund wohnte, habe im Eilverfahren für uns eine Wohnung gemietet. Der Vertrag werde noch heute nach Dranse gefaxt. Wir waren gerettet! *Ich* war gerettet.

Auf diese Weise gelangten wir aus Dranse in das zweite Lager nach Unna Massen und von da aus nach einer Woche direkt in unsere neue Bleibe nach Hemer.

Es war schon dunkel, als wir an jenem Tag mit meiner Nichte und der Maklerin die Wohnung besichtigten. Eigentlich war es keine Wohnung, sondern ein schönes Reihenhaus, mit vier Zimmern und eingebauter Küche – für uns ein unerhörter Luxus, auch wenn es anfangs ziemlich leer in allen Räumen aussah. Die Jungen waren besonders begeistert, weil jeder ein eigenes Zimmer haben würde. Sie suchten es sich auch umgehend aus.

Ich unterschrieb den Mietvertrag, obwohl ich in großer Sorge war, ob wir wirklich in der Wohnung bleiben durften, ob sie nicht viel zu teuer war. Die Maklerin nahm großzügigerweise keine Provision von uns. (Ich hatte damals gar keine Ahnung, was eine Provision ist).

Die erste Nacht schliefen wir alle zusammen in einem Zimmer, auf Matratzen, die uns die Nichte besorgt hatte. Am nächsten Morgen waren wir früh wach. Wir mussten zum Rathaus, uns anmelden und alles Notwendige in die Wege leiten. Aber wie? Wo war eine Bushaltestelle? In welche Richtung sollten wir fahren? Wann aussteigen? Wir hatten keine Ahnung. Panik kroch bereits in mir hoch, als es an der Tür schellte. Ich öffnete und da stand Aneta vor mir. Wir fielen uns in die Arme und die Panik sank wieder in sich zusammen.

Meine Schwester verbrachte den ganzen Tag bei uns, half uns, im Rathaus zurechtzukommen, erklärte uns viele Dinge, die neu für uns waren, fuhr mit uns einkaufen.

Ein Außenstehender kann sich kaum vorstellen, was für ein Erlebnis das war – der erste Einkauf bei Real. Wir fühlten uns wie erschlagen von der Vielfalt der Waren und vor allem der Fülle an Lebensmitteln. Als ich dann sah, was Aneta alles in den Einkaufswagen packte, bekam ich den nächsten Schreck. „Wir können das doch nie im Leben bezahlen“, flüsterte ich.

„Doch, doch“, sagte Aneta lächelnd. „Und es wird sogar noch Geld übrigbleiben.“

Es vergingen noch Wochen, in denen die Depression sich an mich klammerte. Eines schönen Frühlingstages aber schaute ich morgens aus dem Fenster und spürte plötzlich, wie etwas Schweres, Dunkles, Hässliches von mir abfiel. Sie war weg, die alte Plage! Von einem Augenblick auf den anderen – genauso wie sie mich damals im Frankfurter Flughafen überfallen hatte. Ein Glücksgefühl füllte den freigewordenen Platz und mit einem Mal wusste ich – ich bin angekommen. Ich bin zuhause.

Der Sommer 1994 war keine leichte Zeit für mich. Zu meinen üblichen depressiven Verstimmungen gesellten sich mir fremde Gefühle, die mich zusätzlich quälten. Ich konnte sie nicht einfach abstellen oder unterdrücken und sie trieben mich in die Verzweiflung. Ich fragte mich: Bin ich unnormal? Bin ich möglicherweise krank?

Meine bisherige Welt drohte auseinanderzubrechen und ich musste einen Weg finden, um sie zu retten. Aber zu allererst bedurfte es der Fähigkeit zu begreifen, was mit mir geschah, und diese Entwicklung zu akzeptieren.

Die Lösung traf mich völlig unerwartet, auf banale und etwas peinliche Weise zugleich. Eines Tages fiel mein Blick beim Kochen zufällig auf den in Lesenähe herumliegenden ‚Stadtspiegel' und dort auf die Annonceseite. Mit Verwirrung las ich eine Überschrift: ‚Sie sucht Sie' ...

Ich muss gestehen, dass ich bis zu diesem Zeitpunkt so gut wie nichts über Homosexualität wusste. Ich war so mit mir selbst beschäftigt, dass ich wenig von dem mitbekam, was in der Öffentlichkeit passierte, und dieses Thema war irgendwie stets an mir vorbeigegangen. Vielleicht, weil ich einfach nicht damit rechnete, dass das, was in Russland ‚nicht existierte', in einem anderen Land durchaus präsent war – in allen Bereichen des Lebens.

Die drei einfachen Worte weckten mich gleichsam auf, eröffneten mir eine völlig neue Sicht auf das, was mich quälte. Bis dahin war ich allein mit meinem Problem gewesen, das sollte nun ein Ende haben! Ich wollte mich mit Gleichfühlenden austauschen, wollte wissen, warum und weshalb uns dies geschah.

Ich fand Anschluss an eine Frauengruppe, die sich einmal wöchentlich traf. Diese Treffen haben sehr viel zu meinem Selbstvertrauen beigetragen. Ich erfuhr, dass ich weder ein kranker noch ein perverser Mensch war, sondern eine ganz normale Frau.

In dieser Zeit lernte ich auch Ellen Winter kennen *[Name geändert].* Eine Freundin schwärmte viel von Reiki und der stimulierenden Wirkung von Bachblüten. Sie erzählte mir, Frau Winter verstünde sich sehr auf diese Dinge und könne mir sicher aus den depressiven Zuständen heraushelfen. Als durch und durch realistischer Mensch hatte ich mit Esoterik eigentlich ‚nichts am Hut', dennoch ließ ich mich von der Begeisterung der Freundin anstecken. Ich wollte es versuchen, denn ich sehnte mich so sehr nach Fröhlichkeit, nach Unbeschwertheit, danach, einfach mal eine Frau mit guter Stimmung zu sein.

Zugegeben – die Aussicht, mich einem fremden Menschen zu öffnen und mir alles von der Seele zu reden, machte mir ein wenig Angst. Ich hatte mich noch nie in meinem Leben einer Psychotherapie unterzogen und wusste nicht, was auf mich zukommen werde.

Schon das erste Treffen löste diese Angst restlos auf.

Ellen Winter war klein und zierlich, hatte aber eine unglaubliche Ausstrahlung, die mich sofort gefangen nahm. Ich will gar nicht viel über diese Frau selbst erzählen, sondern mehr darüber, was sie in meinem Leben bewirkte. Ob Reiki und Bachblüten dazu vonnöten waren, ob nicht viel eher die intensiven Gespräche mit ihr über alles, was mein Herz erschwerte, die gewünschte Wirkung erzielten, kann ich nicht mit Bestimmtheit sagen. Jedenfalls neige ich mehr dazu, sie den Gesprächen zuzuschreiben.

Das Resultat daraus – meine geistige Arbeit, meine Empfindungen fasste ich in einem Brief zusammen:

6. August 1994

Liebe Frau Winter,

ich hoffe, dieser Brief kommt als eine kleine, nette Überraschung bei Ihnen an und Sie freuen sich darüber. Obwohl das, was ich zu schreiben vorhabe, wahrscheinlich nichts Außergewöhnliches für Sie ist. Wahrscheinlich hören Sie sehr oft Ähnliches von Menschen, denen Sie geholfen haben, ihre Probleme zu bewältigen. Mich tröstet allerdings der Gedanke, dass sicher nur selten jemand auf die Idee kommt, Ihnen zu schreiben. Vielleicht bin ich sogar die Einzige, und vielleicht finden Sie in diesen Zeilen (oder auch dazwischen) etwas Besonderes, das Ihnen noch niemand verraten hat. Möglicherweise werden Sie dann für einen Augenblick die Welt so sehen, so empfinden, wie ich sie seit Kurzem wahrnehme – seit ich Sie kenne.

Ich bin fest davon überzeugt, dass die Begegnung mit Ihnen ein sehr wichtiges Ereignis in meinem Leben darstellt. Es war für mich der Anfang meines neuen Denkens (meines neuen Lebens, hätte ich fast gesagt, aber das würden Sie wahrscheinlich als übertrieben bezeichnen).

Es ist sehr schwer zu beschreiben, was ich in diesen vier Wochen erlebt, wie ich mich gefühlt habe, welche Gedanken mich oft zum Staunen brachten. Aber ich versuche es trotzdem.

Ich habe etwas sehr Wichtiges, sehr Wert- und Wundervolles entdeckt – eine ganz außergewöhnliche Welt, die ich bisher nicht kannte; eine Welt, die nur mir allein gehört, denn diese Welt bin ich selbst. Ich wusste schon immer, dass sie existiert, konnte nur das Tor nicht öffnen. Warum? Vielleicht, weil ich keine Kraft dazu hatte oder den passenden Schlüssel nicht fand. Vielleicht, weil ich mich vor Gespenstern fürchtete, die mich möglicherweise hinter dem Eingang erwarteten. Vielleicht auch, weil ich diese meine Welt unterschätzt hatte, weil sie mir zu klein, zu unwichtig und zu uninteressant vorkam.

Jetzt hat sich die schon ziemlich verrostete, schwere Eisentür geöffnet und Sie haben mir dabei geholfen, den ersten Schritt zu machen, den ersten Schritt in ein wunderschönes, geheimnisvolles, unendliches Reich. Jetzt weiß ich, dass ich nicht umsonst, nicht ohne Sinn auf diesem Planeten lebe, dass diese Welt mich braucht, dass mein Nichtsein ein großer Verlust für die Menschheit wäre.

Wahrscheinlich lachen Sie jetzt und schütteln den Kopf, denken: ‚Die Frau ist wirklich verrückt!' Kann sein. Aber haben Sie mir nicht einmal am Telefon gesagt: ‚Schön, dass es Sie gibt!'?

Erinnern Sie sich? Sie haben dies doch nicht nur so dahingesagt. Das hätten Sie mir doch nicht angetan!

Bedenken Sie – wenn es mich nicht gäbe, hätten Sie bestimmt ein paar interessanter Erfahrungen weniger, hätten in diesem Augenblick nichts zu lesen, worüber Sie lächeln oder ein wenig nachdenken könnten. Vielleicht hätten Sie sich gerade gelangweilt oder sogar etwas Törichtes getan, das eine nachteilige Wirkung auf die Menschen in Ihrer Nähe ausübte. Die Folgen dieser Auswirkung würden sich wiederum wie Wellen immer weiter ausbreiten und immer mehr Menschen negativ beeinflussen. Eine entsetzliche Vorstellung, nicht wahr? Sehen Sie jetzt, wie wichtig ich in dieser Welt bin?

Liebe Frau Winter, Sie wissen, dass das scherzhaft gemeint ist. Aber in jedem Scherz liegt auch ein Stückchen Wahrheit und meine Wahrheit ist – ich habe im Alter von vierzig Jahren festgestellt, dass ich trotz all meiner Kümmernisse in gewisser Weise glücklich bin. (Obwohl ich immer noch Angst habe, ‚glücklich' zu schreiben oder laut auszusprechen. Sie merken sicherlich, wie vorsichtig ich auch jetzt bin). Nie zuvor hatte ich ein so wunderbares innerliches Gefühl des Gleichgewichts, der Übereinstimmung meiner eigenen unendlichen Welt mit dem unendlichen Kosmos. Mein Leben passt so gut in die Ewigkeit hinein, es gehört dazu, ist ein Teil von ihr. Zerstört man es – zerstört man alles.

Ich weiß, Sie verstehen mich und werden auch nicht fragen, was schon so Großartiges in einer kleinen Welt zu finden ist, die einem unbedeutenden Menschen gehört, einem von vielen anderen auf unserer Erde. Obwohl ich glaube, die Antwort darauf erkannt zu haben. Wirklich – es gibt Milliarden Menschen. Aber wie einmalig ist jeder Mensch, wie einzigartig! Es gibt keine Wiederholung, kein zweites Du, kein zweites Ich. Vielleicht fühlt sich der Mensch deshalb oft so einsam und fremd und verloren. Ständig ist er auf der Suche nach irgendetwas, das ihm fehlt. Und irgendwann findet er, scheinbar ganz zufällig (wir wissen ja, dass es nicht zufällig ist), einen kaum erkennbaren Pfad, der ihn zu einer verschlossenen Tür führt. Wenn er sie neugierig öffnet, dann bleibt ihm nichts anderes übrig, als die Schwelle zu überschreiten und ins Unbekannte hineinzugehen. Manchmal braucht er viel Mut, viel Kraft, um das, was ihn hinter der Tür erwartet, richtig zu verstehen und zu verarbeiten. Nicht immer schafft er es allein.

In meiner neu entdeckten Welt gibt es viele Schatten und hin und wieder ziemlich dunkle Ecken. Aber ich glaube, sie halten nichts Schlimmes bereit, im Gegenteil – es ist spannend, in die Dunkelheit hineinzugehen und in der Stille neue Gedanken und Ideen, schöne Erinnerungen und Bilder zu finden oder jemandem zu begegnen. Von einer dieser Begegnungen muss ich Ihnen unbedingt erzählen.

Ich trete vorsichtig in einen dunklen, kühlen, weiten

Raum ein und bevor ich mich richtig umsehen kann, bin ich eins mit der Gestalt, die sich dort befindet. Es erschreckt mich nicht, denn ich weiß sofort – diese Gestalt bin ich selbst, ich vor vielen Jahren.

Mich umgibt eine Sommernacht. Sie ist still, so still, dass ich fast glaube – es gibt nichts mehr, außer dieser Stille und Dunkelheit. Die ganze Welt scheint im tiefen Schlaf versunken zu sein, nur ein schwaches Rauschen und Rascheln ist hin und wieder zu hören. Wie so oft sitze ich vor dem Gartenzaun auf einer kleinen Holzbank, atme die frische Luft ein und lausche den geheimnisvollen Geräuschen. Ist es der Wind, der mit den Blättern des alten Ahornbaumes spielt? Oder ist es eine Katze auf ihrem nächtlichen Spaziergang? Ich bin allein, fürchte mich vor nichts, außer vielleicht vor mir selbst, und ich bin fünfzehn Jahre alt.

Wie merkwürdig nachts alles aussieht! Die schönen Farben, die vor ein paar Stunden noch die Welt beherrschten, sind verschwunden. Die Schwärze hat sie vertrieben und übt nun ihre unbegrenzte Macht aus.

Ich schicke meinen Blick zu den Sternen, die über mir leuchten, und erkenne viele der geflüchteten Farben wieder. Gold und Orange, Blau und Silber gehören jetzt zum Sternenreich und funkeln herab wie kleine Edelsteine. Die Sterne. Wie faszinierend sind sie! Stundenlang könnte ich sie betrachten. Manchmal verbinde ich sie miteinander und male mir ganz besondere Figuren aus – meine eigenen Sternkreise, erschaffe mir mein eigenes Universum. So entdecke ich in dieser Nacht in der entferntesten Ecke des Himmels einen kleinen Stern, der besonders fröhlich – in allen Regenbogenfarben schillernd – zu mir herunterblickt. Und ich denke – wenn ich, wie meine beste Freundin schon immer behauptete, nicht von dieser Welt bin, dann komme ich bestimmt von diesem schönen Stern, der mir jetzt aus der unglaublichen Ferne seine Aufmerksamkeit schenkt.

Meine Gedanken, die am Tag noch so schwer und trüb und hoffnungslos waren, verändern sich auf wundersame Weise. In der Dunkelheit unter dem Sternenglanz werden sie immer heller und leichter, als zögen die Strahlen alle Schwärze und Schwere aus ihnen heraus und lösten sie auf. Verblüfft entdecke ich darunter einen verborgenen Schatz – eine wunderbare Idee, die mir so sehr fehlt. Wahrscheinlich war sie immer schon da, nur konnte ich sie unter der erdrückenden Last nicht sehen und nicht fühlen. Jetzt, befreit und ins helle Licht gesetzt, glänzt sie in all ihrer Pracht. Könnte das nicht die schon lange von mir gesuchte Lösung für mein ganzes Leben, sein? Eben noch so einsam und verloren, fühle ich mich jetzt wie vereint mit der ganzen Welt. Ich weiß – ich bin ein Teil dieser seltsamen, ewigen Unendlichkeit. mein Leben ist perfekt gefügt, um dazuzugehören – für immer. Diese einzigartige, besondere Gewissheit, die ich als Kind besaß, die sich mit zunehmendem Alter leider verflüchtigt hatte, kehrt zu mir zurück. Plötzlich bin ich wieder überzeugt, dass ich unsterblich bin. Sterben? Ich? Niemals! Wie soll das denn gehen? Wie soll denn diese ganze Welt – mein Universum, mein Fühlen, mein Denken – einfach verschwinden?

Ich stelle mir vor, wie die Menschen reagieren werden, falls ich ihnen meine Gedanken offenbare, wie sie sich wundern werden: ‚Hast du seltsame Ideen!' Nun – warum nicht? Schließlich bin ich ja auch nicht von dieser Welt ...

In Wirklichkeit weiß ich jedoch, dass ich niemandem davon erzählen werde, dafür bin ich viel zu schüchtern. Allein meinem alten treuen Freund – meinem Tagebuch – werde ich es anvertrauen. Ich verspüre den Drang, es sofort zu tun, um möglichst genau festzuhalten, was in meinem Kopf herumschwirrt und sich schon fast zu einer Geschichte verdichtet hat, verspüre das Bedürfnis, die Gefühle, die mein Herz überströmen, in Worte zu fassen. Aber das ist nicht möglich, ich darf niemanden im Haus wecken. Also beschließe ich, das Schreiben auf morgen zu verschieben und selbst auch schlafen zu gehen.

Ich schaue zum Himmel auf, um meinem Stern einen letzten Gruß zu schicken und stelle fest, dass er verschwunden ist. Doch es bedrückt mich nicht, denn ich bin sicher – er und ich sehen uns bald wieder.

Leise verlasse ich das Mädchen von einst, verlasse den dunklen Raum, in dem es sitzt und träumt, verschließe dennoch nicht die Tür. Irgendwann werde ich bestimmt zurückkehren und sie öffnen wollen, um erneut in meiner Vergangenheit zu verweilen, in einem ihrer schönsten Momente.

Liebe Frau Winter, es ist Zeit, zum Schluss zu kommen, sonst wird mein Brief viel zu lang. Wenn Sie jedoch an einer Fortsetzung interessiert sind, können wir darüber reden. Es war für mich nicht leicht, meine Gedanken zu sammeln und in diesen Text zu fassen, aber es war auch sehr spannend, und ich hoffe, Sie haben mich ein bisschen verstanden.

Mit herzlichen Grüßen,
Rosa Ananitschev

Es ist lange her, dass ich diesen Brief abgeschickt und seine Empfängerin zum letzten Mal gesehen habe. Wie so manche ist auch diese Etappe meines Lebens vorbei und das Kapitel abgeschlossen. Die damalige Euphorie hat sich natürlich längst gelegt, das Leben ging und geht weiter in geordneten und oft auch labyrinthartigen Bahnen.

Leider habe ich doch noch einige schwarze Löcher in meinem Universum entdeckt, deren Anziehungskraft ich weiträumig zu umgehen versuche, um nicht eingesogen und vernichtet zu werden.

Wichtig ist nur – ich habe gelernt, mein Universum zu schätzen, trotz besagter schwarzer Löcher und unbewohnter, düsterer Planeten, mein Universum mit all seinen Sonnenfinsternissen und kollabierenden Sternen.

Wichtig ist nur – der kleine leuchtende Stern ist immer noch in meinem Herzen und spendet mir Licht und Wärme in den Zeiten der Dunkelheit und Kälte.

Ehrlich

Am 7. Juli 2005 schrieb ich an meine Schwester:

Liebe Lilli,

mir ist zu Ohren gekommen, dass Du sehr empört bist, weil ich Dich und Deine Familie zu unserer Feier eingeladen habe. Es war bestimmt nicht meine Absicht, Dich zu ärgern. Da ich allen anderen Geschwistern ebenfalls Einladungen geschickt habe, dachte ich, dass ich Dich nicht ausgrenzen dürfte – schließlich bist und bleibst Du meine älteste Schwester, auch wenn Du mich aus Deiner Verwandtschaftsliste gestrichen hast. Natürlich weiß ich – Du bist voller Zorn und Abscheu, weil ich so lebe, wie ich lebe …

Was mich am meisten betroffen macht, ist die Aussage, dass Deine Kinder sich über ihre Tante ‚kaputtlachen'.

Ich kann vieles ertragen (das habe ich wohl oft bewiesen), aber ich kann nicht behaupten, dass diese Reaktion meiner nahen Verwandten mich kalt ließe. So etwas tut weh. Leider war es zu spät, um entsprechend zu reagieren, sonst – glaube mir – hätte ich Euch meine Einladung erspart. Ich rechnete ohnehin damit, dass niemand kommen werde, dass Ihr Euch nicht einmal die Mühe machen würdet abzusagen. Aber ich wollte Euch eine Chance geben, wollte Euch vor die Frage stellen: ‚Was tun wir?'

Seit mehr als acht Jahren bin ich nun mit Dagmar zusammen und vor ungefähr dreizehn Jahren habe ich mich zum ersten Mal in eine Frau verliebt – hier, in einem mir damals noch fremden Land.

Weißt Du, Lilli, ich hätte es selbst nicht geglaubt, wenn mir jemand vorausgesagt hätte, dass mein Neuanfang in Deutschland – der ohnehin schon schwer genug war – auch im zwischenmenschlichen Bereich mit einer so schwerwiegenden Veränderung verbunden sein würde.

Es war für mich nicht leicht, mit den mir bis dahin vermeintlich ‚befremdenden' Gefühlen zurechtzukommen. Obwohl – so fremd waren sie mir auch wieder nicht. Bereits als Schulkind schwärmte ich oft für die eine oder andere meiner Lehrerinnen; vermutlich mehr als andere Schülerinnen in meinem Alter, denn tief im Inneren ahnte ich schon damals, dass ich so etwas niemandem erzählen dürfe, nicht einmal meiner besten Freundin.

Was wusste ich schon über gleichgeschlechtliche Liebe? Themen dieser Art wurden doch in Russland totgeschwiegen! Ich hatte keine Ahnung, dass diese Liebe nichts Ungewöhnliches ist, dass Homosexualität so alt ist wie die Menschheit.

Es dauerte eine Zeitlang, bis sich mein Selbstvertrauen soweit entwickelt hatte, dass ich Eugen und unseren Kindern meine Veranlagung gestehen konnte. Ich *musste* es ihnen sagen, denn einfach so weiterleben konnte ich nicht mehr. Ich wollte ehrlich sein, ehrlich zu meinen Lieben und vor allem zu mir selbst. Eugen nahm meine

Erklärung gefasst auf und brachte mir viel Verständnis entgegen, selbst die Jungen zeigten sich nicht sonderlich überrascht.

Auch nach der Trennung blieben Eugen und ich uns nahe und vertraut. Er war stets für mich da, wenn ich ihn brauchte. Niemand verstand es so gut zu trösten und neuen Mut zu geben wie er. Selbst Dagmar war für ihn eine gute Freundin.

Sein Tod hat eine schmerzliche Lücke hinterlassen, nicht nur bei mir – er fehlt uns allen sehr. Erst kürzlich sagte mein Enkel, als wir im Auto unterwegs waren: „Wir fahren nachher alle – ich, Mama, Papa, Daggi und du, Oma ... wir fahren in den Himmel und holen Opa nach Hause. Er ist schon so lange weg."

Mir schossen die Tränen in die Augen, als ich diesen Herzenswunsch eines dreijährigen Kindes hörte. Wie sehr der Kleine seinen Opa vermisste!

Liebe Lilli! Mit dieser kleinen Episode möchte ich Dir zugleich zeigen, dass es für das Kind ganz selbstverständlich ist, Dagmar in die Familie einzubeziehen. Für ihn ist sie ein lieber Mensch, der zu Oma gehört und somit auch zu ihm. Jedes Mal, wenn ich ihn allein besuche, fragt er sofort: „Wo ist Daggi? Warum ist Daggi nicht mitgekommen?"

Ich höre Dich sagen, der Junge sei klein und verstehe noch nichts. Nun – Du bist erwachsen und was verstehst Du? Worin liegt das Verbrechen, wenn zwei Menschen sich lieben, auch wenn es zwei Frauen sind? Ich nehme keinem ein wie auch immer geartetes Glück weg, nur möchte ich selbst auch glücklich sein. Deshalb habe ich mich vor Jahren entschlossen, ganz offen so zu sein, wie ich bin – nicht mehr und nicht weniger.

Du kannst es nicht verstehen?

Schon möglich. Aber akzeptiere mich, wie Du es ja im täglichen Leben mit vielen Dingen auch tust, die Du nicht ändern kannst. Fang einfach damit an und zwar jetzt. Du hast schon acht Jahre vertan.

Es gibt so viele Möglichkeiten, sich über Homosexualität zu informieren. Du hättest mich nur fragen, mit mir reden müssen. Dann hättest Du erfahren, dass es auf der Welt Millionen Menschen gibt, die fühlen wie ich, dass Lesben keine Monster sind, sondern Frauen mit ganz normalen Wünschen, Bedürfnissen und Sorgen; dann hättest Du vielleicht gesehen und verstanden, dass wir beide – Dagmar und ich – miteinander glücklich sind, dass wir einander lieben, dass sich auch bei uns nicht alles nur um Sex dreht. Wir sind nicht pervers und wir sind keine Huren (verdammt noch mal!) ...

Ja, ich bin wütend, aber auch traurig. Wütend, weil ich mich dafür rechtfertigen muss, dass ich nach eigenen Vorstellungen lebe und nicht nach denen meiner Verwandtschaft; traurig, weil ich erkennen muss, dass ich gegen Deine Intoleranz, Dein ‚Nicht-begreifen-wollen' machtlos bin. Du willst ja meine Partnerin nicht einmal kennenlernen! Dazu ist anzumerken, dass die gesamte Verwandtschaft meiner Freundin (und auch sie hat Geschwister, ebenso viele Tanten, die teilweise schon über siebzig sind) mit Dagmar und mir überhaupt keine

Schwierigkeiten hat. Bei allen sind wir willkommen, alle mögen mich und alle freuen sich, dass wir es jetzt wagen, vor den Standesbeamten zu treten. Keinem von ihnen kommt in den Sinn, über unsere Verbindung zu spotten! Was sagt das aus? Nun, die Antwort auf diese Frage möchte ich Dir überlassen.

Noch eins zum Schluss: Denk bitte daran – keiner weiß, ob Deine Enkelkinder hetero, schwul, lesbisch oder bi, ja vielleicht auch transsexuell sein werden. Es ist auch nicht auszuschließen, dass sich der oder die Betreffende erst mit vierzig zu seiner/ihrer Veranlagung bekennt – das siehst Du ja an meinem Beispiel. Es ist also alles noch offen und alles noch möglich. Und das ist auch gut so.

Mit lieben Grüßen,

Rosa

PS. Du hast vor, unseren Vater über mich aufzuklären? Tu, was Du nicht lassen kannst. Ich würde aber an Deiner Stelle überlegen, ob man den neunzigjährigen Mann noch damit konfrontieren sollte. Außerdem habe ich ihm schon längst erzählt, dass ich mit meiner Freundin zusammenwohne. Bestimmt macht er sich seine eigenen Gedanken darüber, was für eine Beziehung das wohl sein mag. Aber er hat genug Taktgefühl, um nicht danach zu fragen, und behandelt mich nach wie vor wie seine Tochter. In Hinsicht auf Familiensinn ist er Dir schon mal einen großen Schritt voraus.

Auf diesen Brief habe ich bis heute keine Antwort erhalten. Aber an einem der vergangenen Weihnachtsfeste bekam ich einen dicken Umschlag von meiner Cousine, die, wie meine Schwester, zu den Baptisten gehört. Neben einer Grußkarte befand sich im Umschlag auch ein Heftchen mit dem Titel: *,Ehe und Familie aus biblischer Sicht'.* Wie es scheint, hat man die Hoffnung noch immer nicht aufgegeben, mich auf den ,richtigen' Weg zu bringen.

Januar 2011

Das Geburtshaus

(Für meinen ungeborenen Sohn)

Eine Klinik, die sich ausschließlich auf Geburtshilfe, Abtreibungen und Frauenheilkunde spezialisiert, heißt in Russland wörtlich übersetzt Geburtshaus. Wenn die Wände eines Geburtshauses sprechen oder die Bilder wiedergeben könnten, die sie tagtäglich sehen, dann hätten sie nicht nur schöne, heitere, sondern auch ungezählte tragische und grauenvolle Geschichten mitzuteilen. Aber sie schweigen, sind nur stumme Zeugen dessen, was vor der Außenwelt abgeschirmt wird.

Die nachfolgende Geschichte gleicht einem Albtraum, über den man sagt: ,Das ist nicht wahr, das *kann* nicht wahr sein!' Und doch – es hat sich alles genau so abgespielt.

Es war Winter 1975 und ich im vierten Monat schwanger. Eigentlich hätte ich meine Schwangerschaft schon längst durch den Gynäkologen bestätigen lassen sollen. Da ich das Kind jedoch behalten wollte, dachte ich, es sei noch Zeit und wenn ich den Besuch etwas länger hinauszögerte, müsse ich nicht mehr auf den Gynäkologiestuhl und die unangenehme Untersuchung über mich ergehen lassen. Ich war einundzwanzig Jahre alt, sehr unerfahren und es war meine dritte Schwangerschaft. Die erste endete mit der Geburt meines Sohnes Alexej, die zweite mit einem Abbruch. Abtreibungen waren in den siebziger Jahren in Russland eine normale Sache. In einem Land, in dem es keine Verhütungsmittel gab, war dies der einzige Weg, um die Anzahl der Geburten in den Grenzen des Möglichen und Vernünftigen zu halten.

Ich hatte mich bereits gedanklich darauf vorbereitet, die Poliklinik aufzusuchen, als ich feststellen musste, dass mit mir etwas nicht in Ordnung zu sein schien. Ich bekam leichte Schmierblutungen, die mir Angst machten. Es war also wirklich höchste Zeit zum Arzt zu gehen. Die für meinen Stadtteil zuständige Gynäkologin erschreckte mich zusätzlich, als sie sagte, ich müsse unbedingt in stationäre Behandlung. Meine Frage, ob es nicht Möglichkeiten und Mittel gäbe, dies zu umgehen, verneinte sie und stellte mir eine Einweisung in das Geburtshaus Nr. 4 aus.

Ich muss ins Krankenhaus! Allein schon der Gedanke versetzte mich in Panik. Bis dahin hatte ich nur einen einzigen Krankenhausaufenthalt hinter mich gebracht, den, als mein Sohn im Oktober 1972 zur Welt kam; und er hatte zehn endlose Tage gedauert, die mich fast den Verstand kosteten.

Wie soll ich das erklären? Eigentlich hätten es doch die schönsten Tage in meinem Leben sein müssen: Ich hatte ein Kind geboren – meinen kostbarsten Schatz; ich hatte viel Zeit für den kleinen Aljoscha, sicherlich mehr als zuhause.

Leider war es anders gelaufen!

Nach der Entbindung wurde mir der schreiende Winzling nur flüchtig gezeigt. Erst am dritten Tag brachte man ihn mir zum Stillen und zum Kennenlernen. Angeblich hatte er Neugeborenen-Gelbsucht. Ich will gar nicht beschreiben, wie es *mir* in diesen drei Tagen erging, das kann man sich gewiss vorstellen. Aber ich wusste nicht, wie es *dem Kleinen* ging!

Auch in den darauffolgenden Tagen war es nicht viel besser. Die meiste Zeit verbrachten die Säuglinge im Säuglingsraum – von den Müttern getrennt.

Zu alledem fühlte ich mich gefangen, eingesperrt, gefesselt. Nicht einmal die Freude an dem Kleinen konnte dieses Gefühl mildern. Damals war es ja die Regel, dass man in der Entbindungs-Station keinen Besuch empfangen durfte und ebenso durfte man die Station nicht verlassen. Sogar die eigene Kleidung zu tragen war nicht erlaubt. Ich hatte mit meinem Mann nur Blickkontakt aus dem Fenster des dritten Stockes. Dadurch war eine Unterhaltung unmöglich und wie sollte ich ihm meine Verzweiflung mitteilen? Er hätte meinen Zustand wahrscheinlich auch nicht erfasst, denn keiner von uns beiden ahnte damals, dass ich unter Depressionen litt. Diese Diagnose erhielt ich erst zehn Jahre später. Aber schon damals erkannte ich, dass das Schlimmste, was man mir antun konnte, der Freiheitsentzug war. Allein das Gefühl, in die Enge getrieben zu werden, reichte und reicht noch immer für eine Panikattacke aus.

Mein seelischer Zustand übertrug sich vermutlich auch auf das Neugeborene. Vielleicht ist mein Ältester deswegen so geworden, wie er jetzt ist – verschlossen und menschenscheu? Vielleicht zieht er deswegen die Einsamkeit dem gesellschaftlichen Leben vor?

Doch zurück zum ursprünglichen Problem.

Ich fuhr mit der Einweisung in der Tasche und völlig deprimiert nach Hause. Was sollte ich tun? Blieb mir denn etwas anderes übrig, als meine Sachen für das Geburtshaus zu packen?

Am nächsten Morgen nahm ich den Bus in die Innenstadt. Die Fahrt dauerte fast eine Stunde, in der ich mir selbst Mut zusprach: ‚So schlimm kann es doch nicht werden, ist doch bloß ein Krankenhaus – kein Gefängnis. Es muss sein, damit mir das Kind erhalten bleibt.'

Meine nagende Unruhe ließ sich dadurch aber keineswegs vertreiben.

Dann stand ich wie festgefroren vor dem düsteren, alten Gebäude und konnte mich nicht dazu durchringen, die massive Tür zu öffnen. Ich mobilisierte meinen gesamten Verstand, um mich zu dieser Aktion zu überreden, aber meine Willenskraft reichte nicht aus. Panik stieg in mir auf, ich versuchte, sie hinunterzuschlucken, mich von ihr zu befreien und schaffte es nicht. Ich war überzeugt, wenn ich da hineinging, war ich verloren, dann kam ich nie mehr heraus. Schließlich drehte ich mich um und floh zurück zur Bushaltestelle.

Einen Tag später war ich wieder bei der Frauenärztin und erklärte ihr meine prekäre Situation. Sie schaute kaum von ihrem Schreibtisch auf, zuckte nur mit den Schultern und sagte knapp, in diesem Fall könne sie nichts für mich tun. „Dann müssen Sie es darauf ankommen lassen. Falls die Blutung sich wiederholt und stärker wird, rufen Sie einfach den Krankenwagen."

Damit war das Thema für sie erledigt. Sie stellte mir auch keinen Schwangerschaftsausweis aus. Erst Jahrzehnte später dachte ich darüber nach und begriff: Sie hatte keine Verantwortung für mich übernehmen wollen.

Es vergingen ein paar Tage. Mein Zustand normalisierte sich wieder, und ich hoffte sehr, dass es auch so bleiben werde. Doch eines Nachts erwachte ich infolge heftiger Bauchschmerzen und spürte das warme Blut an meinen Oberschenkeln herunterlaufen …

Mein Mann lief zur Telefonzelle, um den Notarzt zu rufen.

So kam ich doch ins Geburtshaus, dessen Tür zu öffnen ich vor einer Woche nicht imstande gewesen war. Im Untersuchungsraum wurde ich sofort mit Fragen bombardiert, wie ich das Kind hätte ‚loswerden' wollen, mit welchen Mitteln und warum. Keiner hörte mir richtig zu, keiner glaubte meiner Geschichte. Wie auch? Ich hatte ja nicht einmal einen Schwangerschaftsausweis vorzuweisen?

Weil die Blutung aufhörte, entschied man sich, mit entsprechenden Maßnahmen bis zum nächsten Tag zu warten. Es war schon weit über Mitternacht, als ich mich endlich auf dem mir zugewiesenen Bett niederlassen durfte ... im Korridor. Man gab vor, alle Zimmer seien belegt. Damals glaubte ich es oder akzeptierte es einfach. (Was hätte ich auch dagegen tun können?). Heute denke ich über die Sache anders.

Der Flur war lang und dunkel; auch bei Tageslicht wurde es dort nicht viel heller. Unweit von meinem Bett befand sich das Behandlungszimmer und man kann sich leicht vorstellen, wie unruhig es um mich herum war. In meinem Inneren sah es keineswegs besser aus – da herrschte Chaos.

Ich lag unter der Decke, mit dem Gesicht zur Wand und versuchte, alles zu mobilisieren, was ich an Kraft und Vernunft besaß, um mich zu beruhigen. Viel Macht besaß ich über meinen psychischen Zustand nicht, im Grunde gar keine. Irgendwann schlief ich dann doch ein, um schon im nächsten Moment – so kam es mir vor – wieder aufzuschrecken. Irgendetwas hat mich geweckt.

Ich setzte mich auf. Am Ende des Flurs fiel durch das hohe Fenster graues Licht ein – der Tag brach an. Eine Schwester eilte an mir vorbei und als ihre Schritte verhallt waren, hörte ich es – ein leises Wimmern. Weinte irgendwo ein Kind? Das Wimmern – gleichmäßig, fortwährend – hörte sich nicht menschlich an. Ein Kätzchen?

Aber in einem Krankenhaus?

Ich stand auf und sah mich um. Erst jetzt entdeckte ich am Fußende meines Bettes noch ein zweites. Wahrscheinlich hat man es hierher geschoben, während ich schlief. Das Geräusch kam eindeutig von dort. Ich näherte mich dem Gestell und sah darauf ein kleines Bündel liegen. Zwar konnte ich nichts Genaues erkennen, wusste aber schlagartig – das, was da in Tücher eingewickelt war, lebte.

Entsetzen machte sich in mir breit, denn mir war auch sofort klar, dass es sich nicht um ein Neugeborenes handelte. Mit Sicherheit würde man es hier nicht so achtlos abgelegt haben. Was war es dann? Ein Fötus? Ein viel zu früh geborenes menschliches Wesen?

Hilflos stand ich da und lauschte wie versteinert den dünnen, klagenden Lauten. Eine Schwester tauchte aus dem Behandlungszimmer auf und hoffnungsvoll dachte ich: ‚Jetzt klärt sich bestimmt alles auf', aber sie ging an mir vorbei – stumm, gleichgültig.

Als ich erkannte, dass sich das Bündel kaum merklich bewegte, wurde mir schwindlig. Ich ging zurück zu meinem Bett, rollte mich darauf zusammen, zog die Decke über den Kopf und verharrte so, unfähig mich zu bewegen oder auch nur zu denken. Mein Verstand entglitt mir langsam ... In die Bewusstlosigkeit? In den Schlaf?

Als ich wieder zu mir kam und die Decke vorsichtig zurückschlug, war da nur noch die morgendliche Geräuschkulisse des Krankenhauses. Ich blickte zum anderen Bett. Leer. ‚Entsorgt', blitzte es in meinem Kopf auf.

Ja, man hatte ein lebendes Wesen entsorgt, vermutlich einfach in den Abfall geworfen.

Die Visite kam – eine Ärztin, gefolgt von zwei Schwestern. Wieder stellte sie mir schroff die gleichen Fragen wie in der Nacht zuvor. Ob … und womit … und warum.

Ich weiß nicht mehr, was ich antwortete; jedenfalls sagte sie mir, da die Blutung aufgehört habe, werde man versuchen, das Kind zu erhalten. Ich wurde in ein Zimmer eine Etage höher verlegt. Als ich den Raum betrat, erschien er mir nach dem dunklen Flur so hell und freundlich, dass ich erst einmal erleichtert aufatmete. Drei oder vier Frauen (genau erinnere ich mich nicht mehr) begrüßten mich herzlich. Zum ersten Mal dachte ich beruhigt, dass doch noch alles gut ausgehen werde.

Aber der Schein trog. Wiederum wachte ich nachts auf und wiederum spürte ich das warme klebrige Blut an meinem Körper. Die herbeigerufene Schwester holte die Ärztin und kurzerhand wurde entschieden, dass es keinen Sinn mehr mache, die Schwangerschaft weiterhin bestehen zu lassen.

Bald darauf fand ich mich auf dem gefürchteten Gynäkologiestuhl wieder. Mir wurde befohlen, stillzuhalten, und dann machten sich die Ärztin und die Schwester ans Werk. Dabei unterhielten sie sich laut und fröhlich. Damals war ich außerstande, über ihr Verhalten zu urteilen. Im Nachhinein würde ich es als roh und gefühllos, in gewisser Weise sogar demonstrativ bezeichnen.

Ich biss die Zähne zusammen, um nicht mehr als nur

ein Stöhnen verlauten zu lassen, und hoffte inständig, dass alles bald vorbei sei. Ich weiß nicht, welcher Schmerz schlimmer war – der vom Skalpell verursachte oder jener, der von den Bemerkungen ausging, die sich die beiden Frauen zuwarfen.

„Guck mal", sagte die eine zur anderen, „ein Junge!" Dann schnitten sie das Kind Stück für Stück aus mir heraus. Jeder Handgriff wurde ausführlich kommentiert. So wusste ich, wann sie das Beinchen geholt hatten, wann das Händchen und wann die anderen Teile … eins nach dem anderen.

Es gelang mir nicht, völlig bewegungslos zu bleiben, ich zuckte ein paar Mal zusammen. Die Schwester (oder war es die Ärztin?) schlug mir mit der flachen Hand auf die Wade und schrie mich an: „Stillhalten, sonst bist du selbst schuld, wenn wir dich verletzen!" …

Über die ersten Stunden unmittelbar nach dem Eingriff habe ich keinerlei Erinnerungen behalten. Ich kann mich nicht entsinnen, was ich dachte und fühlte – alles ist in einem schwarzen, bodenlosen Loch verschwunden. Vielleicht ist es auch richtig so.

Am Tag darauf wurde ich entlassen. Ich erzählte keinem etwas von den schrecklichen Ereignissen hinter den düsteren Mauern, keinem, nicht einmal meinem Mann. Die Zeit im Geburtshaus blendete ich vollkommen aus. Ich vermute – der dort erlittene Schock war so groß, dass er das Geschehene meinem Bewusstsein entzog und es wie einen schwarzen schweren Stein tief in mein Inneres hinabsinken ließ. Dort blieb er regungslos liegen. Ich bin davon überzeugt – hätte ich mich nur eine Minute lang diesen versunkenen Bildern zugewandt, wäre ich verloren gewesen, an ihnen zerbrochen.

Das Leben ging weiter mit allen seinen schönen und unschönen Seiten und ich trug diesen schwarzen, schweren Stein in mir verborgen mit. Nein, vergessen hatte ich ihn nicht. Die Bilder, aus denen er bestand, waren all die Jahre da, existierten aber wie in einer anderen Welt, auf die ich keinen Zugriff hatte und auch nicht haben wollte.

Doch wenn sich das Leben eines Menschen in allen Bereichen auf den Kopf stellt, geschieht auch Ungewolltes. Ich wanderte in ein völlig fremdes Land aus, verlor mein Interesse am anderen Geschlecht, sogar mein Denken veränderte sich. All das brachte die scheinbar ‚stillen Wasser' der seelischen Tiefe zum Brodeln, ordnete nicht nur versunkene ‚Schätze' neu, sondern spülte auch das Unfassbare von 1975 allmählich an die Oberfläche.

Es begann vor sechzehn Jahren mit einem Traum. Ich träumte, ich hätte einen dritten Sohn, einen nach Alexej, aber noch vor Paul geborenen, der im Alter von zehn Jahren gestorben sei. Ich wachte auf und überlegte angestrengt, ob ich wirklich ein Kind verloren hatte, so lebensecht fühlte sich das Ganze an. Erleichtert kam ich zu dem Ergebnis – nein, es gab keinen zweitältesten Sohn. Dann der Schock … Oh doch, es gab ihn, den Ungeborenen. Ich wusste es wieder – alles!

Die Bilder breiteten sich vor mir aus wie Episoden eines Horrorfilms. Hätten zwischen damals und dieser

Nacht nicht einundzwanzig Jahre gelegen, die wie ein Polster die Wirkung milderten, dann wäre das Ausmaß dessen, was auf mich hereinbrach, weit, weit verheerender gewesen. Der zeitliche Abstand bewahrte meinen Verstand vor dem Irrsinn. Ich konnte nur noch endlos weinen …

Es ist ein wiederkehrender Traum geworden, in dem ich meinen zehnjährigen Jungen stets von neuem verliere, auf verschiedene Art und Weise – durch eine Krankheit, durch Ertrinken, durch Entführung.

Ich weiß, jeder Therapeut würde versichern, dass die unglücklich verlaufene Schwangerschaft nicht meine Schuld sei, dass ich dieses Kind wahrscheinlich früher oder später verloren hätte. Er würde sagen, dass zu bezweifeln sei, dass man zu diesem Zeitpunkt das Geschlecht schon habe feststellen können, dass es von Seiten der Ärztin möglicherweise Absicht war, mich zu verletzen und zu schockieren.

Aber ich weiß auch – wäre ich nicht so leichtsinnig gewesen und rechtzeitig zum Arzt gegangen, hätte ich etwas mehr Mut besessen, die Einweisung zu befolgen und mich nicht von Panik überwältigen lassen, dann hätte ich es vielleicht vermeiden können, dass zwei gefühllose, selbstherrliche Frauen in weißen Kitteln rücksichtslos und kaltblütig mein Kind vernichteten … und entsorgten.

Warum schreibe ich das alles nieder? Ganz gewiss nicht, um mich zu rechtfertigen oder von der Verantwortung für das Geschehene freizusprechen. Meine Schuld werde ich in mir tragen, solange ich lebe. Ich schreibe es auch nicht nieder, um mich zu bestrafen und zu peinigen. Ich gebe zu, es fiel mir ungeheuer schwer, alles nochmal zu durchleben. Der Schmerz ist da und wird bleiben. Aber ich spüre auch eine Erleichterung. Es ist, als habe der schwere Brocken in meinem Herzen etwas von seinem Gewicht verloren. Doch nicht das ist das Anliegen meiner Geschichte. Vielmehr soll sie ein Denkmal sein, ein Denkmal für meinen ungeborenen, namenlosen Sohn.

März 2012

Die Abrechnung

(Für die kleine Rosa)

„Tritt ihn in den Arsch!“, hast du, Gitta, zu mir gesagt. Diese Worte blieben haften, brachten mich zum Nachdenken. Wie sollte ich das anstellen, wo er doch gar nicht mehr lebte? Aber ich musste nicht lange überlegen, denn die Lösung lag auf der Hand. So entstand diese Geschichte – mein ganz persönlicher ‚Arschtritt', meine Anklage und mein Schuldspruch. Meine Abrechnung.

***

Wie beginne ich?

Es ist nicht einfach, den ersten Satz zu finden, ja, überhaupt darüber zu schreiben. Aber ich bin fest entschlossen, es zu tun – hier und jetzt. Denn nicht nur mein Schmerz ist groß, auch mein Zorn. Vielleicht berichte ich einfach, wie ich auf Verdrängtes gestoßen wurde …

Es geschah an einem trüben Tag vor ungefähr zehn Jahren. Ich wartete an der Haltestelle auf den Bus. Eher zufällig beobachtete ich ein Pärchen, das auf der anderen Seite die Straße entlang ging, die Arme umeinander gelegt. Und plötzlich tat sich ein Bild in meinem Kopf auf – ich als Achtjährige in der offenen Tür eines Zimmers. (Die Tür habe ich selbst geöffnet, das weiß ich). Links vor mir steht ein Mann mit heruntergelassener Hose und hält sein Glied in der Hand. Ich erahne noch jemanden im Zimmer, rechts vor mir, kann aber nicht sagen, wer es ist, da mein Blick allein dem Mann gilt, den ich sehr gut kenne.

Die Erinnerung überkam mich so unerwartet, aber auch so zweifelsfrei aus eigener Erfahrung stammend, dass ich mich völlig überrumpelt fühlte. Dazu muss ich wahrheitsgemäß hinzufügen, dass sie keinerlei negative Empfindungen in mir hervorrief. Im Grunde war sie wertneutral. Einfach nur ein Bild. Ich dachte eine Weile darüber nach und schob es dann wieder in die Dunkelheit zurück, aus der es gekommen war …

Es vergingen mehrere Monate, ehe das Bild – ich weiß nicht mehr in welchem Zusammenhang – unversehens erneut in aller Klarheit auftauchte. Und wieder war ich irritiert und verstand nicht, warum es geschah.

Diesmal erzählte ich Dagmar davon. Wir überlegten gemeinsam und kamen zu dem Ergebnis, dass dies zwar ein merkwürdiger Umstand sei, aber da die Erinnerung in mir keine unguten Emotionen auslöse, habe sie wohl auch keine schlimme Bedeutung.

Nicht umsonst heißt es, aller guten (wie bösen) Dinge seien drei …

Der Abstand zum dritten ‚Anstoß' war schon viel kürzer. Er überfiel mich im Bett vor dem Einschlafen und diesmal war ich nicht nur irritiert, sondern sehr beunruhigt. Ich stellte mir die Frage: „Was will dieses Bild mir immer wieder sagen, was?" Mein Gehirn arbeitete auf Hochtouren.

„Warum war ich bereits als Kind depressiv?" Ja, möglicherweise besaß ich dafür eine Veranlagung. Aber wenn es doch einen anderen Grund gab?

Warum hatte ich bei meinem ersten Geschlechtsverkehr keine Schmerzen empfunden, warum war kein Tropfen Blut geflossen? Gewiss – so etwas kam häufiger vor, aus welchem Grund auch immer. Aber was war bei mir der Grund?

Warum erlitt ich diese Panikanfälle, wenn ich mich bedrängt und eingeengt fühlte? Warum hatte ich ein Problem mit der Nähe eines anderen Menschen und brauchte immer einen freien Raum um mich, besonders nachts im Bett?

Warum mochte ich das Küssen nicht? Besonders dann

nicht, wenn andere Lippen sich an meinen Lippen rieben. Dann stieg in mir sofort blinde Wut auf. Konnte es sein, dass ich mich als Kind solchen Küssen entziehen wollte, mich dagegen gewehrt hatte?

Ich zählte eins und eins und noch weitere Punkte zusammen und etwas geschah in mir … es schien, als löse sich in der Tiefe etwas Uraltes und steige blubbernd auf wie Luftblasen. Nur enthielten sie keine Luft, sondern Angst, eine klebrige, undefinierbare Angst, die mich frösteln ließ. Schreckliche Unruhe erfasste mich, der Drang, die Flucht zu ergreifen. Wohin? Wovor? Ich wusste es nicht, redete mir im Stillen gut zu, dass es auf jeden Fall verrückt sei davonzulaufen – es drohe mir hier und jetzt keine Gefahr. Und doch hielt es mich nicht mehr im Bett. Ich sprang auf und lief in der Wohnung auf und ab, wie von irgendetwas angetrieben. Dann – das Schlimmste von allem – ich hörte ein Weinen, das bittere Weinen eines zutiefst unglücklichen, zutiefst verletzten, einsamen Kindes. Es kam nicht von außen, sondern aus meinem Inneren, ich hörte es in meinem Kopf …

Die Tatsache, dass sich alles in genau dieser Reihenfolge abspielte, brachte mich völlig aus dem seelischen Gleichgewicht. Unweigerlich drängte sich mir dafür nur eine Erklärung auf, die ich erst einmal verarbeiten musste. Im Alter von über fünfzig Jahren mit einer solchen Ungeheuerlichkeit wie Kindesmissbrauch konfrontiert zu werden, machte mich geradezu hilflos.

Als der erste Schock überwunden war, stellte ich mir die Frage: Wer? Wer konnte mir das angetan haben? Der

Mann aus meiner Erinnerung?

Nach vielen Zweifeln und langen Überlegungen schloss ich ihn aus. Wie er auch gewesen sein mochte, *das* war ihm nicht zuzutrauen. Ich wusste nicht, was es mit diesem stereotypen Bild auf sich hatte, vermutete aber – das Kind in mir wollte der erwachsenen Frau auf diese Weise einen Hinweis geben, sie auffordern: ‚Denk nach! Ich habe keine passendere Erinnerung für dich.'

Und dann traf mich die Erkenntnis wie ein Schlag.

Du – mein ältester Bruder!

Eine große Fläche breitete sich vor mir aus, gespickt mit negativen Empfindungen. Siebzehn Jahre älter als ich, warst du mir von klein an fremd – im unguten Sinne des Wortes. Als du für vier Jahre zur Armee gingst, war ich ein Jahr alt. Ich erinnere mich an den Tag, als du heimkehrtest, aber nicht wirklich an *dich*, viel mehr war ich beeindruckt von dem geöffneten Koffer, in dem eine Reihe glänzender Tüten mit Süßigkeiten lagen.

Ich weiß, dass du nach dem Wehrdienst eine Weile zu Hause lebtest und dann in die Stadt gezogen bist, aber ich habe keine einzige Erinnerung an den Ablauf deiner Besuche zu Hause.

Es ist anzunehmen, dass du an Wochenenden da warst, wenn auch vielleicht nicht immer. Warum ist das wie weggewischt? Erst als du geheiratet hattest und mit deiner Frau zu Besuch kamst, daran erinnere ich mich. Und ich erinnere mich nur zu gut, wie ich mich fühlte, wenn ich wusste, dass so ein Besuch bevorstand oder wenn ich dich unerwartet auf der Straße daherkommen sah. Da wurde alles in mir schwer, meine Stimmung änderte sich schlagartig; ich kann sie gar nicht beschreiben. Ich wusste nur: Ich mag dich nicht, ich will nicht, dass du da bist. So blieb es bis ins Jugendalter hinein, dann siegte … die Gewöhnung?

Nein! Der Grund für das Nachlassen des Abneigungsgefühls war ein anderer: *Du kamst in meinem Leben nicht mehr vor!* Denn ich ging mit siebzehn nach Mamas Tod aus dem Dorf weg. Also kamst du nicht mehr *zu mir!*

Zum damaligen Zeitpunkt erinnerte ich mich nicht, dass du mir etwas angetan hättest. Dass ich deine Anwesenheit nicht ertragen konnte, schob ich auf den großen Altersunterschied, der zwischen uns bestand, der dich mir fremd und Misstrauen erregend machte.

Es blieb natürlich später nicht aus, dass wir uns von Zeit zu Zeit begegneten. Du wohntest mit deiner Familie in der gleichen Stadt wie ich mit der meinen. Wir trafen uns bei Feierlichkeiten und besuchten uns sogar gelegentlich. Ich war ja inzwischen erwachsen und ließ mich vor allem von meinem Verstand leiten.

Irgendwann aber fingst du an, mich zu belästigen, machtest mir Liebeserklärungen, versuchtest mich bei jeder Gelegenheit zu umarmen und zu küssen.

Anfangs entschuldigte ich dein Verhalten damit, dass du alkoholisiert warst. Mein Mann bekam meine heftigen Abwehrversuche natürlich mit, amüsierte sich sogar darüber, doch dann wurde es auch ihm zu viel. Er beabsichtigte, mit dir ein ernstes Wort zu reden, allerdings kam ihm unsere Schwester Aneta, der dein befremdliches Verhalten nicht entgangen war, zuvor und stellte dich zur Rede.

Sie erzählte mir, du seiest sichtlich erschrocken gewesen, als sie dir sagte, Eugen habe deine Annäherungsversuche bemerkt. Danach hast du mich nicht mehr so offensichtlich belästigt, aber auch nie ganz damit aufgehört.

In Deutschland wiederholte sich das unangenehme Spiel. Du wohntest zum Glück weit weg von uns, wir begegneten uns nur einmal, als wir Geschwister den Silvester 1993 bei uns feierten. Da warst du wieder sehr aufdringlich. Danach beschränkten sich deine ‚Leidenschaftsausbrüche' zwangsläufig auf Anrufe.

Als ich mit Dagmar zusammenzog, versichertest du mir telefonisch, du verstündest mich ja und hieltest zu mir, allerdings ungefähr in diesem Sinn: ‚Ich akzeptiere und respektiere Homosexualität, aber du musst auch verstehen und zugeben, dass es Geschwisterliebe gibt, die über das Übliche hinausgeht.' Doch das wollte und konnte ich nicht und machte es dir auch immer von neuem deutlich. Gebracht hat es nichts.

Unser letztes Telefongespräch fand vor acht Jahren statt: Wieder ergingst du dich in Liebeserklärungen, dann in Vorwürfen, ich riefe dich nie an …

Es reichte mir endgültig. Ich sagte dir, was ich über dein Verhalten dachte, wie schrecklich unangenehm es mir sei und dass du damit aufhören sollst.

Deine Antwort: „Aber was ist daran so schlimm? Ich

liebe dich doch! Schon damals, als ich von der Armee kam, habe ich mich in dich verliebt. Du warst fünf Jahre alt und hattest so wunderschöne blonde Locken."

Der letzte Satz traf mich wie ein Wurfgeschoss. Er hatte etwas Unheilvolles an sich, ohne dass ich mir zu erklären wusste, worin dies bestand. Aber es war der letzte Tropfen, der das Fass zum Überlaufen brachte. Danach habe ich kein einziges Wort mehr mit dir gewechselt. Alles in mir sträubte sich dagegen ...

In jener Nacht, als ich von unbestimmbarer Furcht geplagt im Zimmer auf und ab ging, erinnerte ich mich an dieses letzte Telefongespräch und plötzlich wusste ich auch, was mich an deiner Feststellung: *‚Du warst fünf Jahre alt'* so verstört hatte. Es ging darum, *wie* du es gesagt hattest – so ganz frei heraus, ohne zu überlegen.

Ich muss immer erst nachdenken, nachrechnen, um zur richtigen Anzahl der Jahre zu kommen, wenn es um das Alter meiner sechs Geschwister ging.

Wie alt war *er* damals, als *ich* ...?

Wie alt war *ich* denn, als *sie* ...? Und so weiter.

Du jedoch hattest bei der Angabe des Alters der kleinen Rosa keine Sekunde gezögert.

Weil es dir immer gegenwärtig war?

Weil ihm eine Bedeutung zukam, die sich fest in dein Bewusstsein eingebrannt hatte?

Und dieses *‚Ich habe mich in dich verliebt'* – welche Folgen hatte es? Was machte ein zweiundzwanzigjähriger Bursche, wenn er sich in ein fünfjähriges Kind verliebte?

„Oh Gott! Oh Gott!“ Mehr vermochte ich dazu nicht sagen …

Irgendwann erfuhr ich, dass du Krebs hattest.

Es berührte mich kaum. Als du starbst, war ich nicht bei deiner Beerdigung und froh, dass deine Frau auch nicht darauf bestand. Fragte mich jemand, wann du gestorben bist, ich könnte es nicht sagen. Vor zwei Jahren oder vor drei? Ich weiß nicht mal, was für eine Jahreszeit es war, geschweige denn, welches Datum. Es ist, als versuche mein Verstand, dich abzustoßen wie etwas Unheilvolles …

Ich frage mich oft: Wie schafft es ein Mensch, ein Kind, Furchtbares so zu verdrängen, so tief in sich zu versenken, dass es nie oder nur hin und wieder – wenn der Zufall es will – wie eine ‚Luftblase' an die Oberfläche dringt‘?

Am Anfang wurde ich von Zweifeln gequält, glaubte, dass mir mein Verstand vielleicht einen Streich spiele, dass meine ‚Erinnerungen' nur Hirngespinste seien.

Einerseits hatte ich keinen einzigen Beweis, dass du schuldig warst, andererseits sprachen alle Indizien dafür, *dass* du es warst – meine kindliche Abneigung gegen dich, dein aufdringliches Verhalten der erwachsenen Rosa gegenüber, meine unangenehmen diffusen Empfindungen, die aufsteigen, wann sie wollen, auf die ich keinen Einfluss habe …

… wie etwa an einem Tag im letzten Sommer. Ich war schon bei der Arbeit sehr niedergeschlagen und immer wieder den Tränen nahe. Auf der Heimfahrt überkam mich auf der Autobahn ein so intensives Gefühl, allein und im Stich gelassen worden zu sein, dass ich in heftige Tränen ausbrach. Ich wiederholte immer wieder weinend, ohne dass ich es überhaupt wollte: „Ihr habt mich allein gelassen, ganz allein! Verraten habt ihr mich! Verraten!“

Mit Schrecken wurde mir bewusst, an wen meine Worte sich richteten: An die Eltern. Und aus mir heraus weinte keine andere als die Kleine, die Fünfjährige …

Ich war gezwungen, auf den Standstreifen zu fahren, um mich erst einmal auszuweinen und wieder in den Griff zu bekommen.

Einmal hatte ich etwas Ähnliches wie ein Déjà-vu-Erlebnis. Ich las abends im Bett einen Krimi, in dem es unter anderem um Missbrauch ging:

Eine junge Frau sitzt am Bett eines alten Mannes, der vom Hals abwärts gelähmt ist und auch nicht mehr sprechen kann. Sie beschuldigt ihn, sie in ihrer Kindheit vergewaltigt zu haben, benennt seine Vergehen und schildert, wie sie sich dabei gefühlt habe. Der Gelähmte kann sich nicht von ihr abwenden, muss sich seine Schändlichkeiten anhören, zum Schweigen verurteilt.

Ich wusste nicht, was mich an dieser Szene so beunruhigte, aber ich kehrte immer wieder zu dieser Stelle zurück. Sie rief in mir Assoziationen auf. An ein Weiterlesen war nicht zu denken, ich legte das Buch weg und löschte das Licht. Ganz unvermittelt stieg ein Gefühl in mir auf, wurde zur vagen Erinnerung und gipfelte in dem klaren Wissen – so war es damals auch!

... jemand will seinen Penis zwischen meinen Beinen wärmen, weil ihm sooo kalt ist ...

Unversehens verspürte ich heftige Unterleibsschmerzen, verbunden mit Unruhe und dem starken Drang wegzulaufen.

Nur mit Mühe behielt ich die Kontrolle über meine Gefühle. Zu meiner großen Erleichterung verschwanden Schmerzen und Unruhe nach einigen Minuten wieder.

Mein letzter und schlimmster Flashback überkam mich vor ein paar Wochen. An diesem Tag hatte ich bereits den ganzen Nachmittag über immer wieder das Gefühl – ein trauriger Gedanke versuche sich den Weg ‚nach oben' zu bahnen. Ich wollte das nicht zulassen, überspielte die Regung mit Alltäglichem. Ein paar Mal ertappte ich mich dabei, dass ich mir Arme um die Schultern legte, als wolle ich mich selbst umarmen oder schützen. Auch am Abend vor dem Einschlafen dachte ich an möglichst harmlose Dinge und versuchte, meine innere Unruhe zu überlisten.

Dann hat es mich doch ‚kalt erwischt' – im Traum.

Ich liege im Bett, es ist Nacht. Eine große, dunkle Gestalt rückt an mich heran. Ich weiß – du bist es, mein Bruder. Ich habe furchtbare Angst und weine. Du sagst immer wieder: ‚Tsch, tsch, tsch!' und kommst mir bedrohlich näher. Verzweifelt strampele ich mit den Beinen, versuche dich wegzustoßen, aber du bist so groß, so schwer. Und dann ist da noch die dicke wattierte Decke, die mein Abwehren behindert … Es gelingt mir, dich mit den Füßen ein wenig wegzuschieben und du sagst (ich höre deine Stimme nicht, verstehe nur den Sinn): ‚Hör auf, ich falle gleich runter' …

Ich wachte auf mit dem Gedanken: „Oh Gott! Was für ein Albtraum!" Und wusste im nächsten Moment – nein, kein Albtraum.

Nach dieser letzten Erinnerung fühlte ich mich innerlich wie zerrissen. Einerseits war ich wütend auf mich selbst – *verdammt, es ist schon so lange her; dir passiert nichts mehr; er ist tot; vergiss ihn einfach* – andererseits kamen mir diese Gedanken wie ein Verrat vor, Verrat an dem kleinen Mädchen, das damals so viel leiden musste. Ich dachte an dieses Kind und mein Herz schmerzte. Ich fühlte mich schuldig, weil ich mich all die Jahre nicht um die Kleine gekümmert, sie im Stich gelassen, sie vergessen hatte. Absurd, ich weiß! Andere hätten der kleinen Rosa damals helfen, sie vor dir beschützen müssen.

Ich stellte mir auch die Frage, ob den Missbrauch jemals einer mitbekommen hatte und bin mir bis heute ziemlich sicher, dass es nicht der Fall war.

Bestimmt war es dir ein Leichtes, an mich heranzukommen. Kürzlich fragte ich unsere Schwester, wo ich denn in dem kleinen alten Haus mit nur zwei Zimmern überhaupt geschlafen habe und stellte fassungslos fest, dass sie es nicht wusste.

Und warum war das so?

Weil es kein Kinderbett für mich gab. Ich schlief mal

bei ihr im Bett, mal im ersten, mal im zweiten Zimmer und mal auf der breiten Bank – mit einem riesigen Pelzmantel als Matratze. Das ist das, woran ich mich selbst erinnern kann.

Bei diesem Stand der Dinge war es natürlich einfach, jederzeit im Bett des großen Bruders zu landen, das störte keinen. Wahrscheinlich waren die Eltern sogar gerührt, dass der Große sich so gut um die Kleine sorgte.

Was hast du in diesen Nächten mit ihr gemacht?

Wie hast du dich danach gefühlt?

Stark und befriedigt?

Verspürtest du wenigstens einen Anflug von Schuldbewusstsein? Oder hast du die Kleine ihrem Schmerz überlassen, als sie sich in den Schlaf weinte?

Wie viele dieser Nächte gab es?

Du kannst mir nicht mehr antworten, aber ich werde es herausfinden – das schwöre ich. Und dann nagle ich jede dieser Nächte auf dein Grab. Jede Träne häufe ich als steinerne Brocken darauf, damit du diese Last immer und ewig spürst, ganz gleich, wo du jetzt bist – unter der Erde, im Himmel, in der Hölle oder irgendwo dazwischen.

Ja, du hast auf diabolische Weise für mich gesorgt: Dir verdanke ich meine Depression und meine Panikattacken. Du hast dafür gesorgt, dass ich Berührungsängste habe, mich gefangen, ausgeliefert, in die Enge getrieben fühle, sobald mir jemand zu nahe kommt. Und du warst es, der dafür gesorgt hat, dass ich auf grausamste Weise mein ungeborenes Kind verlor.

Du protestierst? Ich soll dir nicht auch *das* noch in

Rechnung stellen? Doch – das tue ich! Denn es ist deine Schuld, dass ich meine Panik vor dem Krankenhaus, das Gefühl, eingesperrt zu werden, nicht überwinden konnte.

Es ist alles deine Schuld …

Wie willst du sie je begleichen?

Mich kraftlos und leer geschrieben, sitze ich vor diesen Zeilen. Im Geiste sehe ich die kleine Rosa vor mir. Wir schauen uns in die Augen, sie mit dem traurigem Blick eines Kindes, ich wehmütig und schuldbewusst.

Das Gefühl, sie damals nicht beschützt zu haben, überwältigt mich aufs Neue. Ich möchte ihr gern die Liebe und Zuneigung geben, die sie so dringend gebraucht hätte, aber das kann ich nicht mehr.

Ich kann sie nur in meinen Gedanken auf den Arm nehmen, vorsichtig und behutsam, um in ihr nicht das Gefühl der Enge auszulösen, und ihr zuflüstern: „Es wird alles gut. Du schaffst es.“

Zaghaft und sehr schüchtern lächelt das Kind von einst und lehnt seinen Kopf an meine Schulter … Ja, wir beide – wir schaffen das.

Nein – wir haben es geschafft!

Nachwort:

Ich möchte an dieser Stelle meinen Dank an Gitta aussprechen, die mich ein Stück auf der Wahrheitssuche begleitet und mir die Zweifel genommen hat: Ohne sie wäre diese Abrechnung nicht zustande gekommen.

April 2012

Die Frau an meiner Seite

(Für Dagmar)

1. Die Große und die Kleine

Wenn Du Dich nach Liebe und Geborgenheit sehnst, mitfühlen, zuhören und verstehen kannst, zärtlich, offen und ehrlich bist und dasselbe von mir (42, 1,56) erwartest; wenn Du einsam bist und das Gefühl hast, hinter diesen Zeilen versteckt sich die Frau, die Du suchst ... dann geh doch einfach Deinem Gefühl nach! Raum MK / Umgebung. Chiffre: 0196120326

Eine 40-jährige Frau in Dortmund las diese Zeilen und fühlte sich auf seltsame Weise angesprochen. Ja, warum auch nicht? Sie lächelte in sich hinein. Warum sollte sie ihrem Gefühl nicht nachgehen? Sie tat es. Ohne lange zu überlegen, verfasste sie ein kurzes Schreiben an die angegebene Chiffre.

Der Anruf kam, als sie sich nach dem langen Arbeitstag gerade ein Bad gönnte. Sie griff nach dem Telefon, das sie vorsorglich in der Nähe platziert hatte. Eine Frau meldete sich und sagte, sie habe ihre Zuschrift erhalten. Die Stimme klang angenehm, aber den fremden Akzent hörte die Dortmunderin sofort heraus und verzog das Gesicht – eine Ausländerin. Eigentlich wollte sie nie wieder etwas mit einer Ausländerin zu tun haben. Nicht, dass sie fremdenfeindlich war, aber … sie hatte ihre Gründe. Sie bat die Unbekannte, eine Viertelstunde später nochmals anzurufen, da sie gerade in der Badewanne säße, legte den Hörer auf dem Wannenrand ab, erhob sich, um auszusteigen … da bewegte sich der Telefonhörer plötzlich und rutschte mit leisem Plätschern unter den Schaum. Das Herz der Frau machte einen Satz und rutschte mit. Ihre Hand schnellte hinter dem Hörer her, natürlich viel zu spät. Fluchend fischte sie ihn aus den nassen Tiefen und hielt ihn in die Höhe. Wasser tropfte aus allen Ritzen. Es war offensichtlich – damit würde sie keinen Anruf mehr entgegennehmen können. Dennoch wollte sie es versuchen und holte den Haartrockner heraus …

Die Aktion brachte keinen Erfolg. Es ertönte zwar das Freizeichen und es wurde auch abgenommen, aber nur Meeresrauschen kam der Frau aus dem Hörer entgegen. Ihr ‚Hallo, hallo!' blieb ohne Antwort und so legte sie wieder auf. Auch bei einem neuerlichen Versuch blieb das Telefon beharrlich stumm. Frustriert warf sie das unbrauchbare Gerät in die Ecke und überlegte, was sie jetzt tun sollte …

Am anderen Ende der Leitung saß ich und starte ungläubig das Telefon an. Was war denn das gerade? Erst die freundliche und spürbar neugierige Stimme, die mich bat, etwas später nochmals anzurufen, und dann wurde zweimal nach dem Abnehmen wortlos wieder aufgelegt? Hatte die Frau es sich so schnell anders überlegt?

„Die kann mich doch mal!“ Ich war verärgert, ich war

wütend, allerdings nicht lange, schließlich hatte ich ja noch ein paar Briefe zu beantworten und Anrufe zu tätigen …

Die Dortmunderin zerbrach sich indes den Kopf. Die Sache entwickelte sich für sie zu einer persönlichen Herausforderung, die es zu meistern galt. Zu dumm, dass sie nicht sofort nach der Nummer der Anruferin gefragt hatte. Nun war es zu spät und es half auch nicht, das zu bedauern. Aber vielleicht – vielleicht gab es doch noch eine Möglichkeit, sich wenigstens bei ihr zu entschuldigen …

Zwei Tage später entdeckte ich zwischen den neuen Zuschriften einen Brief, dessen Inhalt mich zum Schmunzeln brachte:

„Dortmund, 12.12.1996

Hallo Unbekannte,

ruf' mich bitte noch mal an – mein Telefon war defekt.

Ich bin ab 20.30 erreichbar; wenn ich nicht zuhause sein sollte, hinterlass bitte Deine Telefonnummer auf dem Anrufbeantworter, ich rufe dann zurück.

Bis bald, Dagmar."

Aha, das war also die Erklärung für das merkwürdige Verhalten und das nicht zustande gekommene Telefongespräch! Nun wählte ich neugierig und gespannt die mitgeteilte Nummer noch einmal …

Wir machten ein Rendezvous aus.

Es war sehr kalt an diesem Dezembertag 1996. Unüberlegt hatte ich einen Treffpunkt in meinem Wohnort vorgeschlagen, der nicht leicht zu finden war. Aber letztendlich standen wir zwei uns gegenüber und mein erster Gedanke war: „Oh Gott, ist die groß!"

Ich, mit meinen 1,56, mochte eigentlich keine großen Menschen. Der Mann, mit dem ich verheiratet war, war auch nicht viel größer als ich selbst.

Als Dagmar mich sah – so erfuhr ich später – wusste sie, dass sich die doppelte Mühe gelohnt hatte; sie fand die noch Unbekannte auf Anhieb sympathisch, aber … oh Gott, war die klein!

In einem Eiscafé – auch das war nicht gerade die beste Lokalwahl für diese Jahreszeit – erzählten wir uns das Wichtigste voneinander. So erfuhr Dagmar (für Freunde Daggi, wie sie sich vorstellte), dass ich verheiratet war und zwei Kinder hatte.

Innerlich habe sie geseufzt, gestand sie später – eigentlich habe sie nie etwas mit einer Frau anfangen wollen, die noch in einer Ehe steckte und obendrein Mutter war.

Als ich Daggi zu ihrem Auto begleitete, fühlte ich mich neben ihr irgendwie fehl am Platz. Sie war zu groß für mich. Definitiv. Wir verabschiedeten uns mit der Feststellung, dass zwar da draußen eisige Temperaturen herrschten, aber die Atmosphäre unseres Dates keineswegs kalt gewesen sei. Ich versprach, mich Weihnachten bei ihr zu melden.

Ich hielt mein Versprechen nicht. Eine andere Frau geriet mir dazwischen – eine von meinen ‚Vorrätigen' – und schaffte es, meine Gefühle durcheinanderzubringen.

Vielleicht weil sie wunderschöne Gedichte schrieb? War ich davon so fasziniert? Jedenfalls gestaltete sich alles ziemlich schwierig mit ihr. Viel jünger als ich, wusste sie nicht so recht, was sie von mir wollte – meine Liebe oder doch einfach nur meine Freundschaft. Sie spielte mit mir.

Mit mir spielen? Das konnte niemals gut gehen. Ich begriff es schnell, aber es dauerte, bis ich über diese Enttäuschung hinweg war. Dann rief ich Daggi doch an – schon im neuen Jahr. Sie war immer noch interessiert, sie wollte sich immer noch mit mir treffen.

Ich besuchte sie diesmal in ihrer Wohnung in Dortmund, erzählte offen über das Desaster der anderen Frauenbekanntschaft und stellte fest, dass Daggi sehr gut zuhören konnte.

Wir trafen uns noch zwei, drei Mal. Aber irgendwie hatte ich das Gefühl, dass ich ihr das, was sie von mir erwartete, nicht würde bieten können. Ich fühlte eine Barriere in mir. Möglicherweise war ich einfach zu ungeduldig. So oder so – es bedrückte mich. Aber wie sollte ich das Daggi beibringen? Schließlich schrieb ich ihr einen Brief, in dem ich bedauerte, dass ich ihre Erwartungen nicht erfüllen könne und sie enttäuschen müsse, aber ich gab auch zu, dass ich sie sehr schätzte und mir gern als Freundin erhalten möchte. In diesem Sinne …

Sie wolle mich auch als Freundin behalten, teilte Daggi mir als Antwort mit. Insgeheim aber sagte sie sich: „Dich kriege ich doch noch."

Das war Anfang Februar 1997. Knapp zwei Wochen

später, am 19. Februar 1997 waren wir ein Paar. Ja, auch so etwas gibt es und ich kann mir gut erklären, warum. Nachdem die Verhältnisse zwischen uns geklärt waren und meine Angst sich verflüchtigt hatte, irgendetwas falsch zu machen, Dagmar zu enttäuschen, verschwand der Druck und meine Gefühle bekamen ‚freie Fahrt'.

In diesen zwei Wochen trafen wir uns mehrmals. Daggi machte mich in ihrem Freundeskreis bekannt, wir gingen zusammen aus.

Der 19. Februar war ein Mittwoch. Wir hatten uns verabredet, gemeinsam nach Bochum zu fahren. Dort gab es einen Frauenbuchladen, von dem wir schon viel gehört hatten. Wir fanden ihn wirklich sehr interessant: Es war nicht nur eine reine Buchhandlung, sondern ein Treffpunkt für lesbische Frauen, mit verschiedenen Veranstaltungsangeboten. Anschließend gingen wir essen.

Ich empfand diesen Tag als sehr angenehm und harmonisch. Ein zärtliches Gefühl, das fast unbemerkt in mir wuchs, entfaltete sich in meinem Herzen. Auf der Heimfahrt berührte ich mutig Daggis Hand, die auf dem Schaltknauf lag. Später gestand sie mir, dies sei der Moment gewesen, in dem es um sie geschah und sie mir ‚auf ewig verfallen' sei.

Natürlich ist dieser Tag im Februar zu einem besonderen – zu *unserem* Tag geworden, der Beginn unserer Liebe, unserer Beziehung.

Ich wohnte damals noch mit meinem Mann und den

Jungen unter einem Dach. Daggi war schon bei uns gewesen, wusste auch, dass ich noch neben Eugen im Ehebett schlief, allerdings auch, dass zwischen uns nichts mehr ‚lief'. Sie glaubte mir ohne jeden Zweifel und für mich war ihr Vertrauen das Selbstverständlichste der Welt.

Im April 1997 kam ich ins Krankenhaus. Jeden Tag machte sich Daggi nach der Arbeit auf den Weg, um mich zu besuchen. Am Tag meiner OP erlitt sie einen Schock, als sie abends bei ihrem Besuch feststellen musste, dass mein Bett im Zimmer fehlte. Man beruhigte sie – ich sei noch auf der Intensivstation. Da der Zutritt dort nur nahen Verwandten gestattet war, musste sie sich etwas einfallen lassen. Sie überlegte nicht lange und erklärte der Krankenschwester, in welchem Verhältnis wir zueinander standen. Daggis Offenheit funktionierte und sie durfte zu mir.

Offenheit ist ein schönes Wort. Aber wie stand es mit Boshaftigkeit und Verachtung und Verfluchen? Auch das bekam ich zu spüren und zwar von einer Seite, von welcher ich es nicht erwartet hätte.

Am Tag, an dem ich von der Intensivstation wieder ins Krankenzimmer verlegt wurde, rief mich Lilli an, meine älteste Schwester. Ahnungslos, was folgen werde, freute ich mich über ihre erste Frage, ob es mir gut ginge.

Dann legte sie los: Ob es wahr sei, was sie gehört habe? Ihre Schwester in einer Beziehung mit einer Frau? Sie könne ihren Bekannten nicht mehr in die Augen schauen; sie schäme sich vor ihrem Mann und ihren

Kindern; sie verfluche mich und die Hure, mit der ich zusammen sei.

Von den vielen Schmerzmitteln noch betäubt, fühlte ich mich gänzlich erschlagen von den schweren Wortgeschützen, die mir aus dem Telefonhörer ins Ohr donnerten. Benommen versuchte ich zu widersprechen: „Du kennst die Frau doch gar nicht ... Ich schäme mich überhaupt nicht, also brauchst du dich auch nicht zu schämen ... Ich bin immer noch dieselbe – deine Schwester."

Aber Lilli erklärte mir, ich sei nicht mehr ihre Schwester. Am schlimmsten traf mich der Satz: „Unsere Mutter würde sich im Grab umdrehen, wenn sie das wüsste!"

Ich weinte nach diesem Gespräch. Natürlich weinte ich! Es war bitter, von der eigenen Schwester so niedergemacht zu werden, von einem Menschen, mit dem ich mich immer gut verstanden hatte.

Abends kam Daggi und ich erzählte ihr von meinem ‚Zusammenstoß' mit Lilli. Sie nahm mich in den Arm, und so saßen wir eine Weile schweigend auf dem Bett.

Als sie sich von mir verabschiedete, nahm sie ihre Halskette ab und legte sie mir um: „Diese Kette ist ein Geschenk von meiner Mutter. Ich weiß, sie hätte sich sehr gefreut, wenn sie wüsste, wie glücklich ihre Tochter ist. Und ich bin mir sicher, auch deine Mutter hätte das getan, wenn sie noch am Leben wäre."

Daggis Halskette wirkte Wunder – ich fühlte mich sofort besser.

In der Klinik hatte ich genug Zeit, um über einiges

nachzudenken, auch über die Frau, die auf so ungewöhnliche Weise in mein Leben getreten war, und über meine Liebe zu ihr. Einem inneren Impuls folgend, fasste ich meine Gedanken in einem Brief zusammen:

„Liebe Daggi,

ich hab' Dir mal einen Brief geschrieben ... Schön war er nicht und bestimmt hat er Dich traurig gemacht. Eigentlich hättest Du ihn zerreißen und die Frau, die ihn schrieb, vergessen sollen. Das hast Du aber nicht getan; Du hast Deine Enttäuschung unterdrückt und versucht, die Frau – nämlich mich – als Freundin zu gewinnen ... Erstaunlicherweise ist daraus nicht bloß eine Freundschaft, sondern Liebe entstanden, was weder Du noch ich ahnen konnten (oder?). Jetzt sitze ich auf dem Bett im Krankenhaus und schreibe Dir wieder – einen ganz anderen Brief. Vielleicht möchte ich wieder gutmachen, was ich Dir mit dem ersten Brief antat? Vielleicht ... Aber viel eher will ich Dir einfach sagen, dass ich Dich liebe. Weißt Du, wenn es Dich nicht gäbe, hätte ich die Entscheidung nicht getroffen, mich operieren zu lassen, zumindest nicht zu diesem Zeitpunkt.

Ja, es ist eine Routineoperation (habe ich das Wort richtig geschrieben?) und trotzdem ... allein der Aufenthalt in einem Krankenhaus ist für mich eine schlimme Sache. Aber wenn ich an Dich denke, an Deine Liebe und Wärme, wenn ich weiß, dass Du immer bei mir bist (immer!), dann fällt es mir viel leichter, alles zu überstehen, obwohl es nichts Großartiges zu überstehen gibt.

Es ist so ein wunderschönes Gefühl zu wissen, dass Du jetzt, in diesem Moment, an mich denkst – mit Liebe und Zärtlichkeit, dass ich in ein paar Stunden (drei!) Deine strahlenden Augen, Dein Lächeln sehen werde, zu wissen, dass ich nicht allein bin.

Ich liebe Dich,
Deine Rosa“

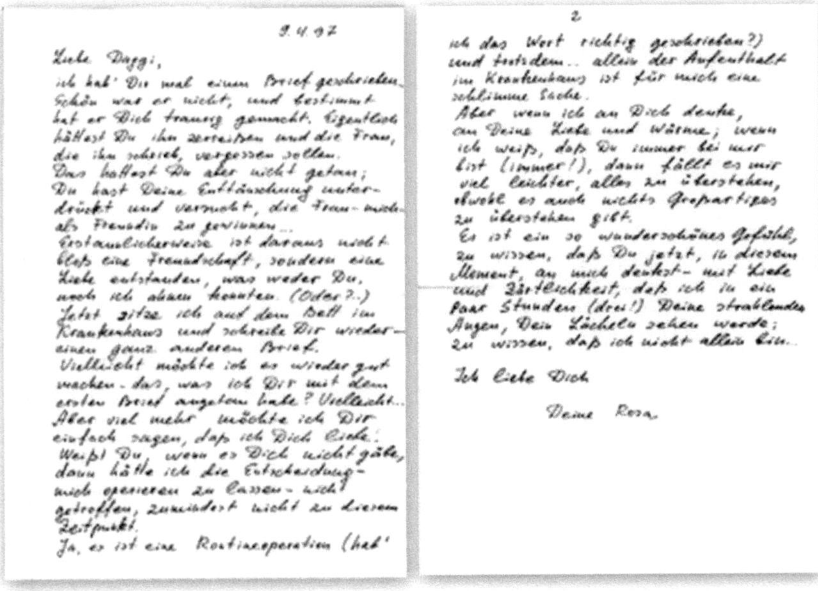

9.4.97

Liebe Daggi,
ich hab' Dir mal einen Brief geschrieben.
Schön war er nicht, und bestimmt
hat er Dich traurig gemacht. Eigentlich
hättest Du ihn zerreißen und die Frau,
die ihn schrieb, vergessen sollen.
Das hattest Du aber nicht getan;
Du hast Deine Enttäuschung unter-
drückt und versucht, die Frau – mich –
als Freundin zu gewinnen...
Erstaunlicherweise ist daraus nicht
bloß eine Freundschaft, sondern eine
Liebe entstanden, was weder Du,
noch ich ahnen konnten. (Oder?..)
Jetzt sitze ich auf dem Bett im
Krankenhaus und schreibe Dir wieder –
einen ganz anderen Brief.
Vielleicht möchte ich es wieder gut
machen – das, was ich Dir mit dem
ersten Brief angetan habe? Vielleicht...
Aber viel mehr möchte ich Dir
einfach sagen, daß ich Dich liebe!
Weißt Du, wenn es Dich nicht gäbe,
dann hätte ich die Entscheidung –
mich operieren zu lassen – nicht
getroffen, zumindest nicht zu diesem
Zeitpunkt.
Ja, es ist eine Routineoperation (hab'

2

ich das Wort richtig geschrieben?)
und trotzdem... allein der Aufenthalt
im Krankenhaus ist für mich eine
schlimme Sache.
Aber wenn ich an Dich denke,
an Deine Liebe und Wärme; wenn
ich weiß, daß Du immer bei mir
bist (immer!), dann fällt es mir
viel leichter, alles zu überstehen,
obwohl es auch nichts Großartiges
zu überstehen gibt.
Es ist ein so wunderschönes Gefühl,
zu wissen, daß Du jetzt, in diesem
Moment, an mich denkst – mit Liebe
und Zärtlichkeit, daß ich in ein
paar Stunden (drei!) Deine strahlenden
Augen, Dein Lächeln sehen werde;
zu wissen, daß ich nicht allein bin.

Ich liebe Dich

Deine Rosa

Dieser Krankenhausaufenthalt war mein erster in Deutschland; und mit Erstaunen stellte ich fest – meine Panik blieb aus. Es lag sicherlich daran, dass ich mich überhaupt nicht eingeschlossen fühlte. Ich durfte mich frei bewegen, durfte – wann ich wollte und zu jeder Tageszeit – Besuch empfangen. So etwas gab es in den russischen Krankenhäusern nicht.

Im Sommer 1997 beschlossen Eugen und ich, in eine andere, preiswertere Wohnung zu ziehen, denn das Haus, in dem wir seit unserer Ankunft in Hemer zur Miete wohnten, war zwar groß und schön, aber dementsprechend teuer. Im Verlauf der Umzugsvorbereitungen fasste ich den Entschluss, in die neue Wohnung nicht mit einzuziehen.

Wir zwei Frauen hatten bis dahin noch kein einziges Mal darüber gesprochen, wie es mit uns weitergehen sollte. In dieser Hinsicht hatte Daggi mich nie gedrängt oder unter Druck gesetzt und damit das einzig Richtige getan, denn nur so konnte diese Entscheidung in mir frei und relativ schmerzlos reifen. Das hieß nicht, dass mir die räumliche Trennung von meiner Familie leicht fiel. Wer Ähnliches durchgemacht hat, weiß, wie viel Kraft es kostet, nach fünfundzwanzig Ehejahren den Schlussstrich zu ziehen, vor allem, wenn der Ehepartner die Güte in Person ist und wenn Kinder mit im Spiel sind.

Unsere Söhne waren zwar beide schon fast erwachsen (Alexej vierundzwanzig und Paul in wenigen Wochen achtzehn Jahre alt), aber einfach war die Situation für sie trotzdem nicht. Wir vier stimmten jedoch darin überein, dass es Veränderungen geben müsse. So kam es, dass Eugen und die Jungen nach Iserlohn in die neue Wohnung zogen und ich mit nur wenigen persönlichen Sachen erst einmal nach Dortmund zu Dagmar.

Sie stellte mir in der Folge ihr Auto zu Verfügung,

damit ich nach Hemer zur Arbeit fahren konnte, denn ich arbeitete damals als Putzfrau in einem Kindergarten. Sie selbst erreichte mit Bus und Bahn die Stadtmitte, wo sie in einem Gardinengeschäft tätig war.

Dieser Zustand währte einen Monat und fühlte sich für mich nicht richtig an. Ich konnte mich an Daggis Wohnung als an die meine nicht gewöhnen. Deswegen beschlossen wir, in einer anderen Wohnung gemeinsam neu anzufangen. Ich wollte aber nicht in Dortmund bleiben. Ganz ehrlich? – Es zog mich in die Nähe meiner Kinder. Daggi war ein Ortswechsel egal, sie sagte, mit mir ginge sie überallhin.

Am 1. Juli bezogen wir eine gemütliche Dachgeschoss-Wohnung in Iserlohn und das Schöne – sie befand sich nur ein paar hundert Meter von der Straße entfernt, in der meine drei Männer wohnten.

So nahm unser gemeinsames Leben seinen Lauf, mit allen Höhen und Tiefen. Es ist sehr viel passiert in den vergangenen Jahren. Sehr viel …

2. Die Frau an meiner Seite

Die erste harte Probe galt es im Sommer 1999 zu bestehen. Mein schlimmster Albtraum war wieder da und fraß sich wie ein wildes Tier in die Wirklichkeit: Eine Serie von Panikattacken suchte mich heim, raubte mir den Willen und jede Lebensfreude. Meine Versuche, die Depression im Zaum zu halten, schlugen meistens fehl. Mein Verstand flatterte wie ein schwarzer Vogel aus mir hinaus, schlug wild an Wände, Ecken und Fenster, suchte einen Ausweg – aber es gab keinen. Es gab nirgendwo einen Ausweg aus diesem Leben, obwohl es mich nicht mehr wollte, ebenso wie ich es nicht mehr wollte, nicht mehr ertragen konnte. Ich fand nichts, absolut nichts, das mir wenigstens ein bisschen Freude gemacht hätte. Sogar der Tod verlor seinen Sinn und kam somit für mich nicht infrage. Ich hatte überhaupt keine Wahl, ich war in die Enge getrieben worden, ich saß fest.

Diese Zeit war auch für Daggi schlimm. Sie begriff natürlich, dass meine Abneigung gegen das Leben auch das Ablehnen aller Menschen bedeutete, ganz gleich, wie nah sie mir standen. Dennoch tat sie alles, was sie nur tun konnte, um mir zu helfen. Und ich brauchte sie, obschon mir das während dieser schrecklichen Zeit nicht bewusst wurde. Sie war da, hielt mich fest, ließ mich nicht endgültig zusammenbrechen. Sie fuhr mit mir überallhin, wo es nur einen kleinsten Schimmer Hoffnung gab, dass der Feind in mir zu besiegen sei. Gemeinsam haben wir es geschafft, wenn auch nicht ohne ärztlicher Hilfe und Medikamente.

Anfang des Jahres 2000 erhielt ich durch etliche glückliche Umstände eine Anstellung in meinem eigentlichen Beruf. Die Arbeit als Putzfrau, die mich so unglücklich gemacht hatte, war vergessen; ich bewegte mich wieder zwischen Büchern, wo ich am richtigen Platz war.

Diese Stelle hatte ich nicht zuletzt Daggi zu verdanken, denn sie war es, die mir zusprach, mich in der

Stadtbücherei zu bewerben. Ich selbst hatte mit meinem Beruf innerlich schon fast abgeschlossen.

Im gleichen Jahr heiratete mein jüngster Sohn und 2002 hatten Eugen und ich auch schon einen Enkel. Sechs Jahre später bekam Mikel ein Schwesterchen – Julia. Auch Daggi liebt die beiden über alles und manchmal habe ich den Verdacht, sie hängen mehr an ihr als an ihrer Oma. Das macht mir jedoch nichts aus, im Gegenteil – ich freue mich darüber.

Aber ich bin dem Geschehen etwas vorausgeeilt, denn da gab es noch Einiges, worüber es zu berichten lohnt.

Zum Beispiel unternahmen wir 2003 eine abenteuerliche Reise in meine alte Heimat. Eigentlich hatte ich nicht vor, irgendwann noch einmal nach Russland zu fahren, meine Angst war viel zu groß, mit unliebsamen Dingen konfrontiert zu werden. Ich träumte oft, dass ich wieder in Omsk sei und das Schlimmste an diesen Träumen war stets – es führte kein Weg mehr nach Deutschland zurück, ich saß in Russland fest.

Die Befürchtung, mein bösester Traum könne Wirklichkeit werden, ließ mich lange nicht los. Daggi und eine unserer Freundinnen redeten indes so lange auf mich ein, bis ich nachgab. Sie wollten unbedingt in das ferne Land reisen und am liebsten ... mit der Transsibirischen Eisenbahn.

Unglaublich, aber wahr – wir drei haben es getan. Bis nach Moskau flogen wir und ab da waren wir zwei Tage und Nächte im Schlafwaggon der ‚Transsib' unterwegs, bis wir in Sibirien ankamen. Für mich war die tagelange

Zugfahrt ja nichts Neues und ich wusste auch, dass sie unter Umständen sehr unangenehm werden konnte. Aber meine Besorgnis erwies sich als unbegründet.

In unserem Waggon gab es zwei sehr nette Zugbegleiterinnen, die uns fast jeden Wunsch erfüllten. Wir gewannen eine Menge neue Eindrücke, hatten viel Spaß und die zwei Tage vergingen wie im Flug. In Omsk verbrachten wir eine Woche voller Erlebnisse unterschiedlichster Art, von wilden Taxifahrten bis zu Mückenattacken, die sich merkwürdigerweise ausschließlich gegen Daggi richteten. Meine Reisegefährtinnen lernten viele Menschen kennen, von denen sie sehr angetan waren. Und auch wir selbst waren überall herzlich willkommen – keiner störte sich daran, dass wir lesbisch waren.

Auf der Rückreise verbrachten wir noch zwei Tage in Moskau, auch ein Erlebnis ohnegleichen. (Über diese Reise gibt es einen Bericht von mir in eBook-Form mit herrlichen Bildern: *„Die Reise zurück – Wo ich einmal war“*)

Seither plagt Daggi mich immer wieder mit der Frage, wann sie denn nun Sibirien im tiefsten Winter erleben dürfe und ich wehre immer wieder mit der Antwort ab, sie wisse gar nicht, was sie sich damit antun wolle. Aber vielleicht irgendwann ja doch ...

Wie es in fast jeder Beziehung geschieht, gerieten auch wir Ende 2003 in eine ernste Krise. Alles, was wir uns aufgebaut hatten, begann wegen einer Leichtsinnigkeit zu bröckeln und drohte auseinanderzufallen. Es hat uns viel Kraft und Mühe gekostet, die Bruchstücke wieder aufzusammeln und Stein für Stein neu in die Festung einzusetzen. Nicht immer gelang es, die ursprüngliche Reihenfolge einzuhalten, aber wir haben es geschafft, sie doch so zusammenzubringen, dass Liebe und Vertrauen sich wieder einstellten und wir 2005 sogar den Wunsch verspürten, unsere Partnerschaft offiziell eintragen zu lassen – ‚heiraten' wäre ja für uns der falsche Ausdruck.

Natürlich war dies ein gut überlegter Schritt. Erstens wollten wir zusammengehören, zweitens würden wir auf diese Weise gegenseitig finanziell abgesichert sein.

Wir befanden uns inmitten der Vorbereitungen unseres großen Tages, das Datum stand bereits fest.

Am 11. April, einem Montag, hatten wir uns Ringe ausgesucht, nicht ahnend, dass an diesem Tag ein Unheil seinen Anfang nahm, das uns am folgenden Tag in aller Härte traf – die schreckliche Nachricht von Eugens Tod.

Er hatte auf dem Weg zur Arbeit – ich erwähnte es schon an anderer Stelle – einen Herzinfarkt erlitten. Als ein Arbeitskollege ihn hilflos am Straßenrand sitzen sah, hielt er sein Auto an …

Eugen wollte erst nicht mitfahren, winkte ab, sagte, es seien bloß Magenschmerzen, wahrscheinlich habe er etwas Falsches gegessen …

In der Firma wurde dann der Notarzt gerufen, man brachte ihn ins Krankenhaus, aber alle Rettungsmaßnahmen blieben ohne Erfolg.

Es war ein großer Schock, nicht nur für uns, Eugens Angehörigen, sondern für alle, die ihn kannten. Die meisten meiner Verwandten gaben mir die Schuld an diesem Unglück. Am Tag der Beerdigung bemerkte ich die Blicke sehr wohl, die Daggi trafen – feindliche und neugierige. ‚Da! Das ist sie, diese Frau, die Rosa verdorben hat' …

Uns wurde später zugetragen: Als wir zum Grab gingen und Daggi tröstend meine Hand in ihre nahm, hätte jemand mehrmals vor Ekel gespuckt.

Nach der Beerdigung fragten wir zwei uns: Was geschieht jetzt mit dem Standesamt-Termin im August? Absagen? … Wir beschlossen, das letzte Wort meinen Kindern zu überlassen. Wenn sie sagten, das sei nicht der richtige Zeitpunkt, würden wir das Ganze verschieben oder völlig ausfallen lassen. Die beiden waren sich jedoch darin einig, dass wir die Trauung auf keinen Fall absagen sollten. Eugen hätte das ganz sicher auch nicht gewollt.

An diesem Tag im August 2005 lief alles sehr harmonisch ab. Die standesamtliche Trauung war ein schönes Erlebnis. Die Standesbeamtin begleitete die Zeremonie mit einer herzlichen und gleichzeitig humorvollen Rede. Wir fühlten uns kein bisschen fehl am Platz. Übrigens waren wir das zweite Frauenpaar, dessen Partnerschaft in diesem Standesamt offiziell besiegelt wurde.

Die Feier mit knapp siebzig geladenen Gästen fand am selben Tag abends statt. Wochenlang hatten Daggi und ich unseren 'Hochzeitswalzer' geübt und legten nun eine passable 'Sohle aufs Parkett' – abgesehen von einem kleinen, aber niedlichen Patzer, weil ich aus dem Rhythmus kam. Es gab eine Torte in Form eines Herzens mit unseren Namen drauf. Die Frau in der Konditorei, die unsere Bestellung entgegengenommen hatte, zuckte nicht einmal mit der Wimper, als sie hörte, dass auf der Torte ***Dagmar & Rosa*** stehen sollte.

Die allgemeine Stimmung? Besser hätte sie auf einer der sonst üblichen Hochzeiten nicht sein können. Und wir zwei – wir waren einfach nur glücklich. Dieses Ritual gab uns das besondere, einzigartige Gefühl der Verbundenheit, der Zweisamkeit.

Es ist noch immer schön, mit Daggi verheiratet zu sein. Und ihre Größe verunsichert mich nicht mehr, im Gegenteil, ich fühle mich neben ihr gut beschützt.

Nun sind wir schon im verflixten siebten Jahr angelangt und es sieht nicht danach aus, dass unsere ‚Ehe' etwa auseinanderginge, vielmehr ist sie fester geworden.

In diesen knapp sieben Jahren gab es eine Palette von Lebensereignissen in allen möglichen Farben.

Farbe schwarz – im April 2006 starb mein Vater. Er machte während seiner einundneunzig Lebensjahre gewiss nicht alles richtig, aber er hatte sehr hart arbeiten und viel erleiden müssen. Er war bereits achtundsiebzig Jahre alt, als er mit seiner zweiten Frau nach Deutschland kam und endlich in Ruhe und Frieden leben durfte. An seinem Todestag, als sein Leichnam sich noch in der Wohnung befand, traf ich dort zum ersten Mal seit Jahren auf Lilli. Wir fielen uns sogar weinend in die Arme, sie wechselte jedoch kein Wort mit mir. Dabei ist es bis zum heutigen Tag geblieben.

Daggi nahm nicht an der Beerdigung teil; ich wollte es so – wegen meiner Verwandtschaft. Im Nachhinein bereute ich diese Entscheidung, denn sie fehlte mir sehr, ihre Unterstützung hätte ich gut gebrauchen können.

Als grün würde ich Daggis gewerbliche Selbstständigkeit bezeichnen. Im November 2006 wechselte die Firma, in der sie als Gardinenverkäuferin tätig war, den Besitzer. Zeitgleich fasste Daggi den Entschluss, ihr eigener Chef zu werden. Es kostete sie einige schlaflose Nächte, denn es war ein Schritt, der gut überlegt sein wollte. Ich wusste, sie würde es schaffen; sie hatte den Beruf einer Dekorationsnäherin erlernt und war darin sehr gut. Diese Meinung teilten alle in unserem Umfeld.

Mittlerweile gibt es ungezählte Häuser und Wohnungen, vom *Gardinen-Atelier Dagmar Roder* liebevoll ausgestattet, und ebenso viele zufriedene Kunden.

Farbe zart-rosa (was denn sonst?) – im März 2008 wurde die von mir schon erwähnte kleine Julia geboren. Mittlerweile ist sie vier Jahre alt, ein hübsches, fröhliches, sehr selbstständiges, aber auch ein bisschen freches Mädchen. Daggi sagt, sie sähe äußerlich ihrer Oma ähnlich. Ich habe das Gefühl, auch innerlich gleicht sie der kleinen Rosa sehr – einer Rosa, die ich nie sein durfte, weil man mir die Lebensfreude viel zu früh genommen hat.

Einen dunkelblauen Ton würde ich Mikels Einschulung im selben Jahr zuordnen. Inzwischen ist er zehn Jahre alt und hat die Grundschule schon so gut wie hinter sich, ein sehr wissbegieriger und feinfühliger Junge, der sich für viele Bereiche des Lebens interessiert. Es ist mir immer eine Freude, wenn er mich fragt, ob ich ihm das eine oder andere Sachbuch oder eine Was-ist-was-DVD aus der Bücherei mitbringen könne.

Die Kinder sind gern bei uns; es ist für sie selbstverständlich, dass Daggi zu Oma gehört und Oma zu Daggi.

„Ich liebe dich so sehr", sagte Julia neulich zu Daggi und fügte dann an mich gewandt hinzu: „Aber dich, Oma, liebe ich auch." Und Mikel behauptet, wir seien die besten Omas der Welt. Es ist klar – diese Worte klingen wie Musik in den Ohren der beiden ‚Omas'.

Diesen schönen Abschnitt meiner Erzählung verlasse ich sehr ungern, aber ich muss leider noch einmal zum schwärzesten Schwarz wechseln – zu einem Montag Ende November 2009. An diesem Tag waren wir einkaufen. Daggi hatte ihr Handy vergessen und als wir zu Hause ankamen, entdeckte sie darauf acht eingegangene Anrufe von ihrem Neffen. Bei ihr läuteten sofort alle Alarmglocken. Es musste etwas Schlimmes passiert sein und sie hatte leider recht: Daggis Zwillingsschwester war mitten in einem Gespräch leblos zusammengebrochen, so dass Wiederbelebungsmaßnahmen ergriffen werden mussten.

Sie kam zwar wieder zu Atem, aber nicht mehr zu sich. In der Klinik teilten uns die Ärzte dann die niederschmetternde Diagnose mit: Ein Aneurysma in ihrem Kopf war geplatzt, es bestand kaum noch Hoffnung auf ein Überleben. Ins künstliche Koma versetzt, lebte Gabi noch sechs Tage, sechs schreckliche Tage, in denen die Gefühle aller Angehörigen Achterbahn fuhren – von der Hoffnung, dass alles wieder gut würde, bis zur drückenden Gewissheit, dass es niemals mehr so sein werde, wie es einmal war. Und aus dieser Gewissheit heraus entstand der schmerzliche Wunsch – sie möge in Frieden gehen …

Am 6. Dezember wurde Daggis Schwester für tot erklärt, da keine Hirnaktivität mehr festgestellt werden konnte. Die Beatmungsgeräte wurden abgeschaltet. Gabi war dreiundfünfzig Jahre alt, hinterließ zwei Kinder (damals dreizehn und siebzehn), einen Ehemann und ihre Zwillingsschwester, zu der sie ein sehr inniges Verhältnis hatte – wie man es meist von Zwillingen kennt.

Daggi und sie waren wirklich wie ein Leib und eine Seele. Woran die eine erkrankte, das bekam die andere etwas später auch. Einmal staunte ich nicht schlecht, als

Gabi während einer Diät um die zwanzig Pfund abnahm, und – unglaublich, aber wahr – Daggi zog nach: Sie verlor genauso viel an Gewicht, allerdings ohne etwas dafür unternommen zu haben.

Es begann somit eine doppelt schwere Zeit für uns, denn nach Gabis Tod blieb ein großes Fragezeichen wie ein Hammer in der Luft hängen, mit dem wir uns konfrontiert sahen: Hatte Daggi diese Krankheit auch? Der Bruder? Gabis Kinder? So schnell wie möglich ließen sich alle untersuchen und – Glück im Unglück – bei keinem wurden Anzeichen eines Aneurysmas festgestellt. Ich atmete erleichtert auf: Es war doch nicht alles gleich bei den Zwillingen.

Eine Farbe habe ich noch zu vergeben – hellblau ... Hellblau ordne ich unseren letzten Urlaub zu, auch wenn der Himmel sich überwiegend wolkenverhangen und grau zeigte. Diese Tage waren von Leichtigkeit, Ruhe und Liebe erfüllt. Wir nahmen uns viel Zeit füreinander und dennoch blieb für jeden von uns Gelegenheit, in sich zu gehen und über das Leben nachzudenken.

So war es nicht verwunderlich, dass einige meiner Gedanken, sich zu kristallisieren begannen und zu dieser Geschichte führten, die ich eben erzählte und unter die ich guten Gewissens als Ortsangabe setze:

Zingst – Iserlohn, Juni 2012

Eigentlich hat alles damit angefangen, dass Dagmar und ich 1999 beschlossen, uns einen Computer zuzulegen. Man muss ja schließlich mit der Zeit gehen. Gedacht, besprochen, getan. Wir hatten beide null Ahnung und wollten zunächst kein Internet, doch recht schnell gelangten wir zu der Feststellung – mit dem virtuellen Fenster nach draußen wäre es viel interessanter. Mein Sohn Alexej half uns bei den ersten Schritten, und so hatten wir bald die ganze Welt bei uns im Zimmer.

Ich war fasziniert von den unglaublichen Möglichkeiten: Die Vielzahl der Internet-Seiten und Homepages boten Einiges – schon damals. Auch Schreiben wurde zum Genuss, obwohl ich mich sogar jetzt noch manchmal nach der Zeit sehne, als ein Füller und weißes Papier mir so viel Freude machten.

Es dauerte nicht lange, bis ich auf die Idee kam, die Internet-Stellenangebote des Arbeitsamtes zu durchforsten und siehe da – ich entdeckte gleich zwei Stellenausschreibungen einer Stadtbücherei, sogar mit genau den Aufgabebereichen, die ich gern übernommen hätte. Trotzdem hätte ich es vermutlich gar nicht gewagt, mich zu bewerben, wenn Dagmar nicht immer wieder auf mich eingeredet, mir Druck gemacht hätte – im positiven Sinne.

Wie es meine Art ist, schrieb ich die Bewerbung in

ziemlich persönlichem Ton. (Zugegeben – das geht manchmal daneben, aber anders kann ich wohl gar nicht).

„... 13.12.1999

Bewerbung als Bibliotheksangestellte

Sehr geehrte Frau Fröhlich,

[Name geändert]

durch die Internetseite des Arbeitsamtes erfuhr ich, dass die Bücherei *** Bibliotheksassistenten sucht und bewerbe mich hiermit um diese Stelle.

Folgendes zu meiner Person: Ich wurde 1954 in Russland geboren. Nach meiner Ausbildung zur Bibliothekarin mittlerer Qualifikation (in Deutschland anerkannt als Assistentin an Bibliotheken) habe ich achtzehn Jahre in diesem Beruf gearbeitet, die letzten zehn Jahre in der Staatlichen Universität in Omsk, zuerst als Bibliothekarin und schließlich als Abteilungs-Leiterin. Leider ist es mir bis jetzt nicht gelungen, hier in der Bundesrepublik, wo ich seit Dezember 1992 lebe, eine feste, meinem Beruf entsprechende Stelle zu finden. Ich konnte lediglich eine befristete Teilzeitbeschäftigung in der Stadtbücherei Hemer wahrnehmen. Das Zeugnis über diesen Zeitraum liegt meinem Schreiben bei. Aus ihm ist zu ersehen, dass ich auch Übersetzungen für das Stadtarchiv übernommen habe. Ich verfüge über sehr gute Russischkenntnisse, auch in Bezug auf Rechtschreibung, und vielleicht gäbe es sogar eine Möglichkeit, diese Kenntnisse in

Ihrer Bücherei anzuwenden. Was die deutsche Sprache angeht, so habe ich auch damit keine Probleme.

Seit 1997 lebe ich getrennt von meinem Mann und war gezwungen, eine Arbeit aufzunehmen, die mich keineswegs befriedigt und nur zu meinem Lebensunterhalt dient (wohlgemerkt – das Schicksal vieler Aussiedler). Gern möchte ich wieder das tun, womit ich mich jahrelang erfolgreich beschäftigt habe, nämlich mit Büchern umgehen und mit Menschen, die sich für Literatur interessieren.

Mein Nachteil ist, dass ich die erforderlichen speziellen EDV-Kenntnisse nicht besitze, aber ich würde mein Bestes geben, um dieses Problem möglichst rasch zu beseitigen und mich mit vollem Engagement an die Arbeit zu machen, denn ich liebe meinen Beruf, den ich vor siebenundzwanzig Jahren ganz bewusst wählte und in dem ich auch immer sehr gut war. Das ist ein großer Vorteil, denke ich. Sicher wird es Ihnen nicht leicht fallen, die geeigneten neuen Mitarbeiter auszuwählen und ich wünsche Ihnen hierbei viel Erfolg. Falls Sie nun vor der Entscheidung zwischen mir und einer anderen Person stehen sollten, bitte ich Sie, über diese Zeilen nachzudenken und vielleicht auch darüber, dass es für mich möglicherweise die letzte Chance ist, meinen Beruf wieder ausüben zu können. Ich glaube, ich muss hier nicht erklären, warum.

Meine Hobbys sind Lesen und Schreiben. Ein paar meiner Kurzgeschichten und Gedichte sind bereits in vier Anthologien veröffentlicht worden (Verlag Heike

Wenig, Dorsten).

Ich hoffe sehr, demnächst eine positive Antwort von Ihnen zu erhalten und bin natürlich jederzeit bereit, mich persönlich bei Ihnen vorzustellen.

Mit freundlichen Grüßen
Rosa Ananitschev“

Im Januar 2000 bekam ich tatsächlich die Einladung zum Vorstellungsgespräch. Ich war sehr glücklich, sehr aufgeregt, sehr im Zweifel und doch – irgendwo tief im Inneren spürte ich die Gewissheit – es werde alles gut gehen. Dieses Gefühl ist bei mir sehr rar, aber es hat mich noch nie im Stich gelassen und merkwürdigerweise kommt es (falls es denn kommt) auch nur dann auf, wenn mir angenehme Dinge des Lebens bevorstehen.

In der Zwischenzeit rief mich die stellvertretende Leiterin Frau Fröhlich an. Sie wollte einige Details über meine berufliche Laufbahn in Russland wissen. Gleichzeitig erfuhr ich von ihr, mit welchem EDV-System in der Bibliothek gearbeitet wurde. Es war dasselbe wie in der Bücherei meines Wohnortes (Iserlohn). Prompt hatte ich eine Idee, die sich in der Folge als goldrichtig erwies. Aber dazu komme ich noch.

Am 26. Januar stellte ich mich in der Bücherei vor. Von außen kannte ich sie schon, denn Dagmar und ich hatten einen Ausflug unternommen und uns das Gebäude angeschaut. Als ich durch die Fenster die Bücherregale mit so vielen vertrauten Schätzen sah, empfand ich eine tiefe Sehnsucht … Ach, wie schön wäre es, wenn ich wieder dazugehören könnte …

Zum Vorstellungsgespräch trat ich wie beim Examen vor vier Personen, die mir erwartungsvoll entgegen schauten. Normalerweise bin ich ziemlich schüchtern, besonders in einem Kreis von Menschen, die ich nicht kenne. Dort jedoch spürte ich, trotz der innerlichen Anspannung, keine Angst, keine Scheu. Ich war aufgeschlossen und sogar ziemlich redselig.

Unter anderem fragte mich die Büchereileiterin nach meinen Computer-Kenntnissen.

Ein paar Tage zuvor, meinem spontanen Einfall folgend, hatte ich in der Stadtbücherei meines Ortes angerufen und mit der stellvertretenden Leiterin gesprochen. Sie war freilich über meine vorgetragene Bitte ein wenig verwundert, schlug aber vor, dass ich am nächsten Tag vorbeikommen solle. Sie habe gerade eine Praktikantin, die sie in die EDV-Geheimnisse einführen müsse, und da könne ich auch gleich mitlernen. Das war ausgezeichnet! So erhielt ich einen Crash-Kurs und konnte mir aus der Bibliotheks-Software von damals ein Bild machen. (Jetzt ist sie längst veraltet und durch neue ersetzt worden). Ich gewann den Eindruck, dass sie gar nicht so furchtbar kompliziert zu handhaben sei, wie ich gedacht hatte.

Das alles erzählte ich der ‚Prüfungskommission', nicht ohne eine gewisse Portion Humor, und sammelte damit, völlig unbeabsichtigt, wertvolle Pluspunkte.

Nach dem Vorstellungs-Gespräch verspürte ich noch

immer ein gutes Gefühl, zumal die Leiterin sich sehr herzlich von mir mit den Worten verabschiedete, ich könne sicher sein, dass man sich bei mir melden werde.

Inzwischen schrieb man den 7. Februar 2000. Ich war allein zu Hause und gar nicht heiter gestimmt, denn meine Hoffnungen, eine positive Nachricht zu erhalten, schwanden mit jedem Tag ein bisschen mehr.

Das Telefon klingelte und ich nahm ab. Im ersten Moment realisierte ich das Geschehene nicht so richtig. Eine männliche Stimme teilte mir mit, dass ich, entsprechend dem Vorschlag des Kulturamtes und der Stadtbücherei, die Stelle als Assistentin an Bibliotheken ab dem 15.02.2000 antreten könne, dass der Arbeitsvertrag mir umgehend zugeschickt werde. Ob ich die Stelle denn überhaupt noch haben wolle?

„Oh ja, natürlich will ich!" Ich konnte es kaum fassen, war sprachlos und überglücklich.

Trotz Fassungslosigkeit musste die Nachricht sofort verbreitet werden – das war ja wohl klar. Meine Freundin war nicht minder froh, als ich ihr die Neuigkeit am Telefon verkündete. Sie wusste, wie sehr ich darunter litt, eine Arbeit verrichten zu müssen, die mir überhaupt nicht lag. (Putzen mochte ich auch zu Hause nicht besonders und schon gar nicht im Kindergarten, in dem ich als Reinigungsfrau angestellt war).

Ich verspürte auch das Bedürfnis, die Leiterin der Stadtbücherei anzurufen, in der ich als Aushilfe gearbeitet hatte, und mich für die gute Referenz zu bedanken. Immerhin hatte sie mir dadurch zu meinem beruflichen

Wiedereinstieg verholfen. Frau S. wehrte meine Dankbarkeit entschieden ab: „Die positiven Worte haben Sie doch zu Recht verdient und außerdem war nicht mein Zeugnis das Ausschlaggebende, sondern Ihre Software-Kennenlern-Aktion." Sie lachte. „Also haben Sie ihren Erfolg allein sich selbst zu verdanken."

Ich war verblüfft: „Aber woher wissen Sie, dass ich das erzählt habe?"

Wieder lachte sie auf. „Was glauben Sie denn?"

Ja, natürlich, wie konnte es anders sein – man kannte sich, man erkundigte sich und man erzählte einander.

Mir blieb nur noch übrig, mich auch bei Frau V. für die Software-Einführung zu bedanken. Das erledigte ich mit größtem Vergnügen. Hätte sie meiner Idee nicht zugestimmt, wäre möglicherweise alles ganz anders gekommen.

Es war vielleicht nicht der allerschönste Tag in meinem Leben, aber ganz sicher einer davon. Und weil er so wundervoll war, durfte ich ihn auch mehrmals erleben, denn es gab einen Wermutstropfen in der Sache – meine Beschäftigung war befristet. Mir wurde zwar versichert, dass sie zu einer für mich festen werde, weil die Kollegin, die ich während ihres Mutterschaftsurlaubs vertreten sollte, nicht vorhabe wiederzukommen, aber ich musste nach zwei Vertragsverlängerungen am 12. Februar 2002 meinen Arbeitsplatz doch räumen, weil die Stadtverwaltung beschlossen hatte, an einigen Stellen zu sparen.

Trotz Versprechung der Bibliotheksleiterin, alles daranzusetzen, mich wieder ‚ins Boot' zu holen, war dies ein grauenvoller Tag, an den ich mich nur ungern erinnere.

Die Leiterin hielt Wort – ich wurde zwischenzeitlich für ein paar Monate befristet eingestellt, musste danach wieder gehen, aber im Dezember des Jahres 2002 überraschte mich Frau Fröhlich mit der Nachricht, ich könne am 6. Januar 2003 meine Stelle wieder antreten und zwar unbefristet.

Ja, auf diese Weise wiederholte sich einer der schönen Tage in meinem Leben. Zwei wundervolle helle Streifen und mittendrin ein schwarzer ...

Juni 2012

Die Entdeckung

Am 1. Januar 2012 erhielt ich eine Nachricht von meiner BookRix-Freundin Rita:

„Liebe Rosa,

Du hast ja keine Ahnung, was mir gestern passiert ist!!! Ich bin noch ganz fertig deswegen. Ich erzähle mal: Ich war gerade mit meinem Pico unterwegs, voll das miese Wetter, denke an nix Böses – da rast ein Typ auf uns zu ... groß ... furchteinflößend ... viel zu warm angezogen ... voll in Eile, brüllt mir irgendetwas zu in einer

Sprache, die ich nicht verstehe (vermutlich Russisch), schmeißt mir ein Päckchen an den Kopf – und ist wieder weg! Was sagst Du dazu?!“

Ich stutzte. Was war denn da los? Ein Übergriff? Und dann auch noch von einem Russen? Beunruhigt las ich weiter:

„Dann, als ich wieder zu Hause war und die ‚Wurfsendung‘ öffnete, war ich doch versöhnt und habe mich total gefreut. Eine CD von meiner Freundin! Mit ganz toller Musik! Und so liebevoll beschriftet! Hast Du super gut hinbekommen. Danke, Rosa!!! ....“

Jetzt verstand ich und lachte. Am 30. Dezember hatte ich ein kleines Päckchen zur Post gebracht und es Rita in einer e-mail als Geschenk von Deduschka Moros (Väterchen Frost) angekündigt. Ich schrieb, dass er sich sehr beeilen werde, um der Empfängerin die Gabe schnellstmöglich zu überreichen; da es aber im Moment in Deutschland keinen Schnee gäbe, müsse er den Schlitten stehen lassen und sich zu Fuß auf den Weg machen.

Ich hatte allerdings wenig Hoffnung, dass der Umschlag, der eine MP3-CD enthielt, noch zu Silvester das Ziel erreichen werde. Deswegen rechnete ich auch nicht mit einer so raschen Zustellungsbestätigung und freute mich nun doppelt, dass mein Geschenk so gut ankam – was sowohl Geschwindigkeit als auch die Freude der Empfängerin betraf.

Ich muss gestehen, *meine* mir genehme Musik entdeckte

ich erst recht spät. Aber schon als Kind hörte ich Vater gern zu, wenn er Geige oder Harmonium spielte. Es waren religiöse Lieder und obwohl ich nicht an Gott glaubte, mochte ich sie, denn mich zog das Traurige, das Hymnenartige an ihnen an. Später, im Jugendalter, hörte ich natürlich die aktuelle Pop- und Rockmusik, sowohl die russische als auch die der ‚kapitalistischen' Welt, aber mir gefielen ebenso die getragenen russischen Volkslieder mit ihrer Melancholie und Schwermut.

Als ich nach Deutschland kam, hatte das Thema Musik erst einmal zweit- und drittrangige Bedeutung, denn es gab zu viele Dinge, die wichtiger waren. Aber irgendwann, als ich mich im Land heimisch fühlte, kam der Moment, in dem auch das Bedürfnis nach Musik wieder geweckt wurde.

Ich ‚probierte' es mit Schlagern, einfach wegen der deutschen Sprache, verlor jedoch schnell das Interesse an ihnen. Dann wandte ich mich der klassischen Musik zu, konnte mich damit auch nicht so richtig anfreunden: Vieles hörte ich gern, zu mehr reichte es nicht. Irgendetwas fehlte mir. Einzig das *Adagio von Albinoni* hatte es mir angetan, dieses Stück habe ich immer noch auf meinem iPod.

Eines Tages – ich war gerade beim Stöbern in einem bekannten Buchladen – lief im Hintergrund Musik, die mich aufhorchen ließ. Ich hatte auf einmal Gänsehaut und in meinem Inneren tat sich etwas, das ich nicht benennen konnte. Ich wusste nur eins – *das* ist sie, meine Musik! So lernte ich *Gregorian* kennen. Ihre Musik übte eine Macht auf mich aus, der ich mich nur zu gern unterwarf. (Mittlerweile habe ich die Band auch schon zwei Mal live erleben dürfen.)

Ich ahnte damals nicht, dass in der Bücherei, in der ich gerade anfing zu arbeiten, noch eine Überraschung auf mich wartete: Als ich Medien zurückbuchte, fiel mir eine CD in die Hände, deren Cover mich sofort magisch anzog. Es war das erste Album von ERA. Ich verbuchte die CD auf mein eigenes Konto und hörte sie mir gleich auf dem Heimweg im Auto an. Es war überwältigend! Ich hätte keinen Titel nennen können, der mich nicht in seinen Bann zog. ERA ist ein Projekt des französischen Musikers Eric Levi und die Musik ein Zusammenspiel aus Gregorianischen Chören, antiken Klängen, Synthesizern und Sologesang. Und dies schien wie für mich gemacht.

Danach war ich ständig auf der Suche nach ähnlicher Musik und es dauerte nicht lange, bis ich auf *Lesiem* stieß. Auch diese Musik ist eine faszinierende Mischung aus Mystischem, Klassischem, Gregorianischem und Epischem. 2003 wurde *Times* veröffentlicht – das dritte und vorerst letzte, wohl auch das beste *Lesiem-Album*, ein grandioses Projekt, von dem Berliner Komponisten und Produzenten Alex Wende ins Leben gerufen. *Times* kann man als eine Hommage an die Menschlichkeit bezeichnen. Jeder Titel befasst sich mit einer der menschlichen Tugenden oder einem der menschlichen Laster und ist ein Hörgenuss der besonderen Art, nicht zuletzt wegen der großartigen Stimme von Maggie Reilly. Meine

Lieblings-Songs sind *Caritas* (Liebe) und *Fortitudo* (Tapferkeit).

2008 kündigte *Lesiem* das vierte Album an – genauer gesagt, die Arbeit daran – mit dem Titel LESIËM – BOOK OF SECRETS. (Nun warte ich sehnsüchtig auf dessen Erscheinung, aber es tut sich nichts. Ob es noch irgendwann zur Veröffentlichung des Albums kommt, bezweifle ich mittlerweile.)

Meine Musik ... Ich kann sie immer und immer wieder hören. Auf wunderbare Weise befindet sie sich in absolutem Einklang mit meinem inneren Sein, ist Energie, sogar Heilkraft für meine Seele geworden. Wenn es mir nicht gut geht, wenn ich traurig bin, dann höre ich ERA, oder *Lesiem*, oder *Gregorian*, dann denke und fühle ich, dass es sich zu leben lohnt, sei es auch nur, um diese wundervolle Musik genießen zu können. Manchmal überlege ich, was schrecklicher wäre – blind oder taub zu sein und ich neige fast zu der Entscheidung – taub wäre schlimmer ...

Juni 2011

Aus Sibirien ins Sauerland

An einem bitterkalten Tag, am 4. Dezember 1992, saß ich endlich mit meiner Familie im Flugzeug, das den Kurs nach Deutschland hielt. Darüber schrieb ich bereits. Nicht nur *mein* sehnlichster Wunsch ging in Erfüllung, sondern auch der meines Mannes und unserer Kinder. Fast zwei Jahre hatten wir auf diesen Moment gewartet – eine lange Zeit, die mit viel Formalitäten, aber auch Kampf und Bangen verbunden war.

Nostalgie. Nostalgija – russisch ausgesprochen – ein Wort, das in dem Land, aus dem ich komme, viel thematisiert wird und für das Volk von großer Bedeutung ist. Es drückt am besten das Gefühl der Sehnsucht nach der Heimat aus, der verlorenen Heimat. Viele russische Schriftsteller, sowohl bekannte als auch unbekannte, beschrieben es in ihren Romanen und Gedichten, besonders diejenigen, die gezwungen waren, fernab von Russland zu leben. Vermutlich ist dies in der heutigen Zeit etwas anders geworden, denn fast jeder Ausgewanderte hat die Wahl, in der Fremde zu bleiben oder, wenn die Sehnsucht überhandnimmt, sich für eine Rückkehr zu entscheiden. Zumindest aber darf er das Land immer wieder besuchen.

Ich habe nie den Wunsch verspürt, nach Russland zurückzukehren; nicht einmal den Urlaub wollte ich dort verbringen. Und doch habe ich es vor elf Jahren getan

(„Die Reise zurück"). Es war wie das Eintauchen in meine frühen Albträume, faszinierend und quälend zugleich.

Auch mein Heimatdorf besuchte ich. Auf dem Boden der Vergangenheit zu stehen, das Haus zu sehen, in dem ich aufgewachsen war, das Grab meiner Mutter auf dem völlig überwucherten Teil des Friedhofs zu suchen und zu finden und den kleinen Blumenstrauß auf die Granitplatte zu legen – das waren Emotionen ohnegleichen. Auch jetzt, während ich schreibe, muss ich mit den Tränen kämpfen, weil ich diese Bilder so klar vor Augen habe, weil plötzlich so viele Gefühle da sind ...

Keiner kann sich seinen Geburtsort aussuchen. Wir werden in die Welt hineingeboren und müssen uns in ihr zurechtfinden. War es mein Glück oder Unglück, als Deutsche in Russland geboren zu werden?

Wahrscheinlich beides.

Als Kind habe ich mich oft gefragt, warum gerade ich?

Warum meine Eltern? Warum deren Vorfahren?

Und manchmal wünschte ich mir dann, jemand anderer zu sein. Ich war nicht nur ‚fremd' in diesem Land, sondern fühlte mich auch im Dorf als Außenseiter (was allerdings ebenso auf meine Geschwister zutraf).

Es lag vor allem daran, dass unsere Mutter nicht zu den Einheimischen zählte und daher nie so richtig dazugehörte. Sie war – ich schrieb es schon – 1933 aus der Ukraine nach Sibirien deportiert worden und hatte unseren Vater erst im Dorf kennengelernt.

Die Familie unserer Mutter sprach einen Dialekt, der sehr dem Schwäbischen glich. Wir Kinder benutzten zu

Hause ihre Sprache. Der Dialekt unseres Vaters war ein anderer. Die Dorfbewohner bezeichneten sich selbst als *Belomeser*.

Im Spiel mit den anderen Dorfkindern verwendete ich anfangs die Muttersprache (im wahrsten Sinne des Wortes), wurde aber oft genug deswegen ausgelacht. Vaters Dialekt wollte ich nicht sprechen und so habe ich mich ziemlich früh der russischen Sprache bedient. Da gab es dann nichts mehr zu lachen und bald sprach ich auch daheim fast ausschließlich Russisch.

Das Leben im Dorf in den 50er und 60er Jahren verlief einfach, besser ausgedrückt – ärmlich und voller Entbehrungen. Unsere Familie besaß nicht viel und die Kinder mussten sich mit ihren Wünschen ganz hinten anstellen. Natürlich sorgten die Eltern dafür, dass wir genug zu essen hatten, aber alles andere …

Als Kind konnte ich meine Spielzeuge an den Fingern abzählen und als Jugendliche hatte ich kaum Kleidung zum Wechseln, obwohl das Geld dafür ganz sicher ausgereicht hätte. Fürwahr – es gab wichtigere Sachen als eine Puppe oder später ein neues Kleid.

Als erwachsene Frau hätte ich mir in der Stadt, in der ich mit meiner Familie lebte und als Bibliothekarin arbeitete, finanziell einiges leisten können, wäre da nicht ein weiterer Engpass aufgetreten – das ‚Defizit', ein allseits bekanntes Phänomen der sowjetischen Wirtschaft, der Mangel an allem in sämtlichen Branchen.

Noch heute denke ich beim Einkaufen unwillkürlich daran, wie deprimierend leer die Läden in Omsk waren und was für eine Fülle hier überall herrscht. Und wenn ich unseren Kleiderschrank öffne, vergleiche ich dessen Inhalt oft mit dem des Schrankes von damals, der nicht einmal halb so groß war, in den aber die Kleidung für vier Familienmitglieder bequem hineinpasste und auch noch Platz übrigblieb.

Ich kann sagen, dass ich mich in Russland wegen meiner Nationalität nie besonders diskriminiert fühlte. Bei der älteren Generation war das natürlich ganz anders. Die Deutschen mussten zu Stalins Zeit viel erleiden, wurden mit den Faschisten ‚in einen Topf' geworfen, zumindest aber als ‚Beilage' angesehen und dementsprechend behandelt. Alle im europäischen Teil des Landes wohnenden Deutschen wurden 1941 nach Sibirien verbannt und die auf diese Art Deportierten durften nur im ihnen zugewiesenen Ort leben; ihn zu verlassen – egal wohin, egal warum – war im besten Fall allein mit einer Sondergenehmigung erlaubt.

Ich entdeckte neulich ein Dokument in russischer Sprache im Internet, eine sogenannte *Einverständniserklärung*. Darin stand – sinngemäß übersetzt:

Ich ... bestätige hiermit, dass ich in diesen Ort ... für alle Ewigkeit verbannt bin; mir ist auch bewusst – falls ich meinen Wohnsitz ohne Erlaubnis verlasse, werde ich mit zwanzig Jahren Lagerarbeit bestraft.

Unterschrift ...

Freiwillig wurde diese Erklärung ganz bestimmt nicht abgegeben. Wer sollte damit wohl einverstanden sein? Mir fehlten die Worte, als ich den Inhalt dieser wenigen

Zeilen richtig begriff …

Übrigens wurden die in Russland lebenden Deutschen erst 1956 – nach Stalins Tod – von ihrer kollektiven Mitschuld am Zweiten Weltkrieg freigesprochen und durften sich wieder frei im Land bewegen. In den Ort, in dem sie einmal ihr Zuhause hatten, kehrte jedoch kaum einer von ihnen zurück. Zu tief saß die Angst vor neuen Verfolgungen und außerdem waren sie dort nicht willkommen, denn die Häuser, die sie einst bewohnt oder besessen hatten, waren längst im Besitz von Fremden, mitunter sogar von ihren früheren Nachbarn, die das Glück hatten, keine Deutschen zu sein.

Was mir in dieser oben erwähnten Einverständniserklärung sofort ins Auge fiel – sie war von einem Mann mit dem Nachnamen *Hetterle* unterzeichnet worden – das war auch der Mädchenname meiner Mutter. Leider ist es mir nicht gelungen, herauszufinden, ob es wirklich um einen Verwandten handelte. Jedoch habe ich mir vorgenommen, mich demnächst eingehender mit der Ahnenforschung zu befassen …

Ja, für die Russland-Deutschen hatte das Wort Heimat mehrere ‚Gesichter', darunter ziemlich hässliche, wie ich versucht habe zu schildern.

Auch mir fehlte die feste Bindung an dieses Land, das sich stolz mit dem Namen Vaterland brüstete.

Zuweilen überkam mich in Russland das seltsame Gefühl, als gäbe es in meinem tiefsten Inneren eine angeborene Erinnerung; ich bildete mir sogar ein, etwas

Schemenhaftes ausmachen zu können …

Eine fremde Straße? …

Fremdartige Häuser? …

Dunkles Grün in der Abenddämmerung? …

Im Verlauf einer Unterhaltung mit meiner Arbeitskollegin zum Thema Heimat – es war vielleicht um 1982 – gestand ich, dass ich mir insgeheim wünschte, ich könne *wenigstens einmal* durch eine Stadt gehen und die Menschen ringsum nur Deutsch reden hören.

Die Kollegin war ob dieses seltsamen Wunsches sehr verwundert. Vermutlich dachte sie: ‚Die spinnt doch!'

Nun, gesponnen oder nicht: Zehn Jahre später wurde mein Traum wahr. Das hätte auch ich damals nicht für möglich gehalten.

Nein, ich sehne mich nicht zurück, würde nie mehr in Russland leben wollen, denn mein Herz sagt mir: Dort wärst du tief unglücklich, dort hättest du dein Leben nie so leben können, wie du es für richtig hältst, dort hättest du dich verstecken, deine dir eigene Natur verleugnen müssen. Und vor allem wärst du dort nie den Ursachen deiner Depressionen und Panikanfälle auf den Grund gegangen, hättest nie gelernt, sie zu bewältigen. Du wärst in deinem schlimmsten Albtraum gefangen geblieben.

Mein Herz sagt mir: Deine Heimat ist hier – in dem sauerländischen Städtchen Hemer, wo du dich wohl und zuhause fühlst.

Aber wenn ich meiner inneren Stimme aufmerksam lausche, höre ich, dass sie mir dennoch etwas zuflüstert, das ich nicht vergessen sollte: ‚Es gibt in deinem Herzen auch einen Ort, der in weiter, weiter Ferne liegt – ein winziges Fleckchen Erde in einem riesigen Land, wo du geboren wurdest und die Welt kennenlerntest.'

Und dann denke ich an die schönen Momente meiner Kindheit – die Dorfstraßen und Wiesen mit ihren Abenteuern, die Streifzüge durch die Wälder auf der Suche nach Erdbeeren, Brombeeren und Pilzen, ich denke an meine beste Freundin und daran, wie viel mir die Freundschaft mit ihr bedeutete. Ich sehe die Menschen, die trotz harter Schicksalsschläge nicht zerbrachen, die Kraft fanden, weiterzuleben. Und dann sage ich mir selbst – ja, auch das kleine Dorf in Sibirien wird immer seine besondere Bedeutung behalten. Vor vielen Jahren habe ich es verlassen, ging fort, um auf den Spuren meiner Vorfahren in meine Ur-Heimat zurückzukehren, das Land, in dem der Beginn dieser Spuren leider nicht mehr auszumachen ist.

Fragte mich jemand, wo meine Heimat nun wirklich ist, so weiß ich im ersten Moment keine Antwort darauf.

Vielleicht ist dies ein Ansatz: Heimat ist überall dort, wo ich von Liebe und Frieden umgeben bin.

... und über mich in dieser Welt

Wer bist du?

Wir stehen uns gegenüber und mustern einander – kritisch und mit Interesse. Irgendetwas fesselt mich an dieser Frau, die ich jeden Morgen vor mir sehe. Heute kommt sie mir fremd vor, obwohl ich doch diejenige bin, die sie am besten kennen müsste.

Wie so viele Menschen mit Sehschwäche, muss sie eine Brille tragen und obgleich sie schon längst eine neue besitzt, bringt sie es nicht übers Herz, die alte Brille aus vergangenen Zeiten zu entsorgen. Sie holt sie manchmal aus der Schublade heraus und setzt sie für eine Weile auf.

Diese Brille hat etwas Magisches an sich. Die unscharfen Gläser, die schon mehrere Kratzer aufweisen, machen die Umgebung verschwommen und verändern auf bizarre Weise die Wahrnehmung.

Plötzlich ist sie wieder in ihr altes Ich versetzt, in die Frau, deren Leben vor ein paar Jahren noch ganz anders verlief. Sie fühlt sich wieder so wie damals – deprimiert, unsicher und verloren. Die Erinnerungen überfluten sie, werden unangenehm und sie setzt die alte Brille rasch ab.

Nein, sie ist nicht mehr der Mensch, der sie früher

war. Sie hat sich verändert – sowohl äußerlich als auch innerlich, obwohl es ihr manchmal schwer fällt, einige ihrer neuen Eigenschaften anzunehmen, so ungewöhnlich sind sie.

Oder ist sie schon immer so gewesen, so geboren worden und ahnte nichts davon? Wahrscheinlich war vieles in ihr einfach verschüttet und zugemauert und nun drängen ihre tief vergrabenen Neigungen und Gefühle unaufhaltsam ins Leben. Sie brauchen Licht, sie brauchen Luft und nichts kann sie mehr auf dem Weg in die Freiheit stoppen.

Am Anfang versuchte die Frau noch, sich dagegen zu wehren, aber als ihr klar wurde, dass sie eigentlich ohne Erfolg kämpfte, gab sie den Widerstand auf und nahm sich selbst an.

Oft frage ich mich, wenn ich sie wie heute betrachte, wie konnte das überhaupt passieren?

Warum brach ihr inneres Gefängnis erst jetzt auseinander?

Woher kam der Sprengstoff?

Welcher Impuls war nötig?

Es ist nicht einfach, darauf zu antworten. Aber je mehr ich darüber nachdenke, desto besser verstehe ich das Ganze.

Was weiß ich noch über diese Fremde, die mir gleichzeitig so vertraut, so nah ist?

Sie hat einen kurzen Vornamen, den man manchmal auch noch in Deutschland antrifft, den sie selbst aber schon als Kind nicht mochte, und einen ziemlich langen ausländischen Familiennamen. Wenn jemand ihn sofort richtig und ohne Stottern ausspricht, ist es fast wie ein Wunder und darüber freut sie sich.

Ist sie eine Deutsche?

Die Antwort scheint mir auf einmal gar nicht so leicht. Sie antwortet mir darauf auch nicht, schaut mich nur verschmitzt an. Ich weiß, dass sie mit Absicht kein einziges Wort sagt – sie möchte nicht, dass ich an ihrem Akzent erkenne, aus welchem Land sie kommt.

Das bringt mich zum Lachen und sofort gibt sie mir mein Lachen zurück, dabei verändert sich ihr Gesicht, als ob sie um Jahre jünger geworden sei – jünger und unbesorgter.

Dann wird sie wiederum ernst.

Meine Frage nach der Nationalität bleibt immer noch ohne Antwort.

Wie ich sie einschätze, gehört sie nicht zu denen, die leicht nach einem passenden Wort greifen. Sie ist zurückhaltend, sogar etwas schüchtern, besonders in einer größeren oder ihr wenig bekannten Gesellschaft.

„Mein Reden ist mein Schreiben", scherzt sie manchmal. In gewisser Weise stimmt das. Ihre Texte sind viel offener und persönlicher als sie es selbst im Gespräch ist.

Ob sie das richtig macht?

Darin bin ich mir nicht ganz sicher. Aber das muss *sie* entscheiden. Wahrscheinlich kann sie sich einfach nicht anders geben, weiß aber wohl, was sie tut und warum.

Sie ist keine erfahrene Schriftstellerin. Sie schreibt

(genauer gesagt, versucht es) erst seit wenigen Jahren und das Überraschende – sie schreibt in Deutsch, obwohl sie vorher in dieser Sprache nie etwas verfasst und sie kaum gesprochen hat.

Sie meint, dass sie die alte Fähigkeit wiedergefunden habe, die ihren Geist befreit und ihr Leben erfüllt – die Fähigkeit, Gedanken und Empfindungen schriftlich zu äußern, sodass die zu Papier gebrachten Worte und Sätze sich wie ein Puzzle zusammenfügen, wie eine Melodie klingen, die Sinne ansprechen, Wichtiges vermitteln und Schönes wie Trauriges weitergeben.

Was noch erstaunlicher ist – in Deutsch zu schreiben gelingt ihr am besten und bereitet ihr viel Freude, obschon sie häufig mit sich selbst unzufrieden ist und glaubt, das Schriftdeutsch nie so beherrschen zu können, wie sie gern möchte. Wie oft fehlen ihr die Worte, wie oft verliert sie den Mut ... und findet ihn doch stets wieder!

Trotz alledem bin ich überzeugt – in diesen wenigen Jahren hat die Frau einen enormen Fortschritt gemacht und das nicht nur im Schreiben.

Sie ist eine Deutsche – ohne Zweifel! Warum sonst fühlt sie sich in Deutschland so, als sei es schon immer ihr Zuhause gewesen, ihre neu entdeckte Heimat, auch wenn die tiefe Verbundenheit mit einem anderen Land und dessen Menschen, zu denen einst auch sie gehörte, nie abreißen wird?

Warum sonst hat sie jetzt diese seltsamen Gedanken? Warum sonst schreibe ich für sie diese Zeilen?

Warum frage ich mich immer wieder, wer diese mir

gegenüberstehende Frau ist?

Bin *ich* das oder ist sie mein Spiegelbild?

Herbst 1995

Gefangen

Es hat mich wieder überfallen. Das Allerschlimmste hält meine Seele und meinen Verstand in seiner Gewalt. Es herrscht nicht nur in mir, sein Schatten wird immer größer und verbreitet sich überall. Ich kann ihm nirgendwo entkommen, weder in einer Menschenmenge noch in der Einsamkeit. Auch im Schlaf verfolgt es mich, drängt in meine Träume ein und durchtränkt sie mit dickflüssigem, qualvollem Seelenschmerz, der bis in den neuen Tag hineinreicht. Und der Albtraum geht weiter. Ein Albtraum, der zu meiner Wirklichkeit geworden ist.

Ich suche irgendetwas in meinem Herzen, das die Kraft hätte, mich wieder zu erwecken, vielleicht eine winzige Freude, eine schöne Erinnerung, einen kleinen Wunsch, finde aber nichts, woran ich mich halten kann. Das Leben ist völlig sinnlos geworden. Ich kann es nicht mehr ertragen, aber es zieht sich unendlich hin. Und diese Gewissheit – ich werde weiter, ich werde ewig so leben müssen, jagt mir eine höllische Panik ein, die sich heiß und schwer in meinem Nacken festkrallt.

Verzweifelt versuche ich, mir einen Trost aufzubauen, rede mir ein, dass ich aus dieser Ewigkeit doch noch herausfinden kann. Es kostet mich ja bloß einen Schritt, einen kleinen, einfachen Schritt! Aber dieser gelingt mir nicht, denn der Tod scheint mir auf einmal genauso entsetzlich wie mein Dasein.

Mit erschütternder Klarheit erkenne ich – es gibt keinen Ausweg. Ich bin gefangen. Gefangen in diesem unendlichen, unerträglichen Augenblick zwischen Leben und Tod, zwischen Vergangenheit und Zukunft. Gefangen in mir selbst.

Ein unbezwingbares Bedürfnis, die Flucht vor mir selbst zu ergreifen, treibt mich von einer Ecke in die andere. Gefangen!

Mit letzten Kräften sammle ich die wenigen, noch erhaltenen, zerstreuten Brocken meiner Vernunft und atme tief eine Erleichterung ein, die sich sofort mit einem Schimmer von Hoffnung verbindet: *Es ist alles nicht so schlimm! Sieh mal, die Sonne scheint! Die Welt ist so schön und du kannst noch so viel Freude haben! Du bist doch nicht allein! Es wird alles wieder gut.*

Eine nächste heiße, panische Welle steigt in mir hoch und schwemmt auch diese kaum entstandene, dünne Hoffnung wieder fort. Ich weiß, es war bloß eine kurze Illusion, eine Lüge. Und ich weiß – die düstere Ewigkeit steht mir bevor.

Wie an einen Strohhalm klammere ich mich an den Telefonhörer. Ich muss mit jemandem reden, eine menschliche, vernünftige, klare Stimme hören. Eine Stimme, die vielleicht imstande ist, meine Panik ein wenig zurückzudrängen …

Ich wähle die Nummer meiner Freundin. Aber auf den Signalton am anderen Ende der Leitung reagiert keiner. Niemand hört mich.

Mein Schicksal grinst mich aus den schwarzen Telefontasten grässlich und höhnisch an. Stumm und wie gelähmt schaue ich ihm entgegen ...

Mein Herbst 1969

Es ist September. Seine Zeit ist gekommen. Im Grunde ist der Herbst schon da, er sammelt sich bloß ein wenig, sucht noch das passende Gewand für dieses Jahr aus, die passende Melodie, den passenden Duft ...

Ich denke an die längst vergangenen Tage, die Jahrzehnte zurückliegen, an die Tage meiner Jugend. Da war mein Leben noch im Aufbau, die Zukunft schemenhaft; ich tastete mich mal zögernd und schüchtern, mal ungeduldig und stürmisch voran, meine Sinne sowohl nach außen als auch nach innen gerichtet. Ich brauchte die Zustimmung in der Außenwelt genauso sehr, wie die Harmonie, das Gleichgewicht in mir selbst. Die Jahreszeiten waren für mich oft die Abbildung meiner inneren Welt und umgekehrt.

Ich stellte mir den Herbst als eigenartiges Lebewesen vor, das unbegrenzte Macht besaß und gleichzeitig so feinfühlig sein konnte wie ein Mensch, schnell veränderlich in seiner Stimmung.

Herbst kann fröhlich und strahlend glücklich sein.

Elegant und festlich gekleidet duftet er nach seltenem, wahrscheinlich teuerstem Parfum, das an die Vergangenheit erinnert und zugleich einen Hauch der Zukunft in sich trägt. Er genießt die Natur in vollen Zügen und ist mit sich selbst äußerst zufrieden. Aber schon am nächsten Morgen ist von dieser Zufriedenheit nichts mehr zu erkennen. Unglücklich und offenbar von etwas zutiefst verletzt, hat er sich im Schornstein verkrochen, heult, jammert und klagt. Mit trüben Augen schaut er mich durch die Fensterscheibe an, sein dunkles Gesicht ist von Tränen überströmt. Er braucht menschliche Hilfe und Zuneigung.

Auch seine tiefen Depressionen erlebe ich hin und wieder. Schwarze, niedrige Wolken treiben am Firmament. Keine Hoffnung lockt ihn auf blauen Himmel und Sonnenschein. Dem Herbst ist nicht danach – seine Hände sind eiskalt, sein Atem kaum vernehmbar.

Er vergießt spärliche, fast gefrorene Tränen auf die harte, graue Erde ... Er will niemanden sehen und versteckt sich in den dunkelsten Ecken des Dorfes.

Und wer kennt seine Wutanfälle nicht, in denen er sich mit der Kraft eines wilden, ungebändigten Tieres austobt? Alles Lebende verbirgt sich vor ihm und wartet stumm, dass er endlich todmüde aufgibt und sich wieder beruhigt.

Mein Herbst 1969 ...

Wie oft suche ich die Einsamkeit in seiner Gesellschaft, flüchte vor den Menschen in den aus der Ferne schon goldgrün schimmernden Birkenwald. Dort sitzen wir einander gegenüber auf dem prachtvollen Laubteppich und hören uns aufmerksam zu. Er erzählt mir von schönen, fantastischen, manchmal auch schaurigen Dingen und in seiner eigenen Geschichte erkenne ich oft auch die meine. Ich breite vor ihm meine Sehnsüchte, meine Zweifel, meine Schmerzen aus und er stimmt mir nickend und leise raschelnd zu. Keine meiner Offenbarungen wird ihm zu viel, er versteht mich ohne Worte wie es keinem anderen Wesen gelungen wäre. Mit leichter Brise streichelt er sanft über mein Gesicht und flüstert mir ermutigende Worte ins Ohr …

Ich schreibe dies und verspüre plötzlich Traurigkeit, sogar etwas wie Reuegefühle in mir aufkommen. Mein Herbst der längst vergangenen Jahre … im Erwachsenenleben, in der Hektik des Alltags habe ich ihn nicht mehr beachtet, denke kaum noch an ihn. Ich bin von ihm fort- und in die weite Welt gegangen. Ich habe ihn zurückgelassen, in den goldgrünen Wäldern und Feldern Sibiriens. Ihm widme ich diese Zeilen. Ich bin sie ihm seit langem schuldig.

Wintergedanken

Der Winter meiner Kindheit.

Ich bin zehn Jahre alt. Neuschnee bildet eine riesige weiße Tafel im Garten. Ich kann darauf etwas zeichnen oder mit einem Stock einfach schreiben *Rosa + X = Liebe* und alles nach ausgiebigem Liebäugeln wieder wegwischen. Ich kann auch ein verworrenes Labyrinth aus meiner eigenen Spur bilden und am Ende den Weg zum Anfangspunkt zurückfinden – nicht immer ist das so einfach wie es zuerst scheint. Es gibt noch viele andere spannende Sachen, die ich im Winter machen kann: Zum Beispiel mit dem Schlitten vom hohen Schneehügel hinunterfliegen, so dass mir der Wind um die Ohren pfeift. Oder im Berg aus festgesetztem Schnee eine Höhle graben, um sich darin vor aller Welt zu verstecken.

Der Winter meiner Kinderjahre war voll Freude und Vergnügen, jedenfalls ist er so in meiner Erinnerung geblieben. Den Winter der späteren Jahre verbinde ich schon mit anderen Gefühlen. Das Teenager-Alter ist wohl das schwierigste im Menschenleben. Mit vierzehn ist es nicht leicht, mit quälenden Gedanken, mit der Sehnsucht nach irgendetwas zurechtzukommen, wovon man gar nicht weiß, was es ist. Hinzu kam noch die schwere, langwierige Krankheit meiner Mutter. Deshalb waren die Winter meiner Jugend mehr ein Kampf mit mir selbst, mit meinen Problemen, mit der inneren Unruhe. Aber ihre Farbe bleibt immer noch weiß und frisch.

Mein Lieblingswetter in diesen Jahren war der Schneesturm, vielleicht weil er so gut zu meinem Seelenzustand passte. Ich liebte es, mittendrin zu sein; er gab mir etwas von seiner Kraft ab und ich glaubte wieder, dass es in dieser freudenleeren Welt doch ein wenig Glück für mich gab.

Ich bin dreißig. Es ist Winter – schon wieder der verhasste Winter! Der graue, schmutzige Schnee, der überall herumliegt, das Glatteis, das immer so gefährlich ist, der Frost, das ständige Gefühl der Kälte, des Frierens ...

In der Wohnung ist es kalt und morgens muss man sich zum Aufstehen zwingen. Der Gedanke, dass es am Arbeitsplatz noch kälter ist, macht das Ganze zusätzlich unangenehm. Außerdem steht mir der Weg zur Arbeit bevor, den ich durchhalten muss – langes Warten an der Haltestelle, oft bei -30°, Fahrt im Bus, der zum Brechen voll ist, die Gefahr, beim Anhalten aus dem Bus herausgestoßen zu werden ...

Wo ist der Winter meiner Kindheit geblieben? Der weiße, blitzsaubere Schnee? Die frostige belebende Frische? Wo sind meine seltsamen, verrückten Gedanken? Kann man sich so verändern? Ist in dieser sorgenvollen Frau nichts mehr von dem Mädchen der 60er Jahre geblieben?

Jetzt ist es wieder Winter. Winter in einem ganz anderen Land, in einem Land, das zu meiner zweiten Heimat geworden ist. Ich mag den Schnee und die Kälte immer noch nicht, obwohl die meiste Winterzeit hier ohnehin schneelos und grau ist. Aber manchmal träume ich von einer anderen, vertrauten Kälte, von glitzernden, leichten Schneeflocken, vom Schneesturm. Ich sehe ein Mädchen, das im frischen Schnee herumtollt und ich weiß, das Mädchen – das bin ich. Der Winter, in dem es gelebt und gefühlt hat – das ist mein Winter. Er ist immer noch in mir; mit mir und dem jetzigem Winter fest verbunden – Schnee mit Regen, Weiß mit Grün, Frost mit Frische. Und Gedanken mit Gedanken. Anders kann es auch nicht sein.

Winter 1996

Der Frühling meiner Kindheit

Der Winter meiner Kindheit war lang, sehr lang und Schnee gab es mehr als genug. Besonders die Straße, in der unser Haus stand, war davon betroffen. Das lag daran, dass der Nordwind quer darüberfegte und große Verwehungen hinterließ. Es gab keinen Räumdienst, so wie man ihn heute kennt, die Schneeberge wuchsen und wuchsen, sodass bald kein Fahrzeug mehr durchkommen konnte.

Allerdings will ich nicht über diese kalte Monate erzählen, sondern mich an die Zeit erinnern, die den Winter irgendwann langsam, aber sicher ablöste – den sibirischen Frühling. Er war für mich als Kind ein grandioses, aufregendes Ereignis.

Schon Ende Februar suchte ich nach den ersten kleinen Zeichen, die mir verrieten, dass der fast vier Monate andauernde Winter bald vorbei sein würde. Die Schneeschmelze war nicht unbedingt ein Zeichen dafür, denn die setzte bei diesen enormen Schneemassen kaum merklich ein. Es war das, was ich mehr ahnte und fühlte: Die Sonnenstrahlen wurden intensiver, das Gezwitscher der Vögel hörte sich anders an – lebhafter, fröhlicher. In der Luft spürte ich den ganz besonderen Duft des warmen Schnees. Nun wusste ich – ja, es ist so weit, die Natur wird langsam aus ihrem Schlaf erwachen.

Aber es war ein langer Prozess und ich musste viel Geduld aufbringen, bis ich merkte, dass der Schnee schwerer, feuchter wurde. Im März begannen dann die weißen Berge sich zu setzten, darunter bildeten sich Bäche und Ströme aus Tauwasser, die sich den Weg ins Freie suchten. Ab einem gewissen Zeitpunkt wurde es gefährlich, die Schneehügel zu erklimmen und Schlitten zu fahren – man konnte leicht einbrechen und kam dann ohne Hilfe nicht mehr heraus. Davor, im Schnee gefangen oder darunter begraben zu werden, hatte die kleine Rosa schreckliche Angst.

Das Tauwasser war auch nicht ‚ohne'. Nicht immer besaß ich Gummistiefelchen und Galoschen – auf die Filzstiefel gezogen – nutzten wenig.

Es war natürlich nicht einfach, bei solchen Verhältnissen von A nach B zu gelangen. Erst hielt man Ausschau nach fest getrampeltem Schnee dicht an den Gartenzäunen, betrat den ‚Pfad' dann ganz vorsichtig, jederzeit bereit, sich an den Zaun zu klammern. Da, wo der Pfad von breiten Pfützen unterbrochen wurde, galt es, besonders aufmerksam zu sein. Meistens warfen die Erwachsenen Steine und Bretter so in und über die gefährlichen Stellen, dass man von einem zum anderen springen bzw. auf den Brettern laufen konnte. Für Kinder mit ihren kleinen Schritten war das allerdings eine schwierige Herausforderung.

Der Höhepunkt des Frühlings war für mich stets der Moment, wenn ich an der Südseite des Hauses oder Schuppens einen schwarzen Fleck Erdboden entdeckte. (Man muss sich vor Augen halten, dass so etwas im tiefsten sibirischen Winter nicht vorkam. Es gab keine einzige Stelle da draußen, die nicht vereist, zugeschneit oder mit Schneeverwehungen bedeckt gewesen wäre). Nun wusste ich – es ist endlich soweit, die Sonne richtet für mich wieder ein Plätzchen ein – mein Plätzchen! Sobald die Fläche groß genug war, holte ich mir ein paar Armvoll Heu, das einmal so herrlich nach Sommer geduftet hatte, und machte es mir mit Tagebuch und Stift oder mit einem Buch im Sonnenbad gemütlich. Nach einer Weile legte ich sogar den Wintermantel ab, so warm wurde mir allmählich. Dieses sonnige Fleckchen inmitten der noch herrschenden Kälte war einer der wenigen Zufluchtsorte in meiner Kindheit, ein Ort zum Lesen, Träumen, Nachdenken und Schreiben. Ein Ort, an dem ich mich gut fühlte.

Es war einmal weiß …

Ein weißes Blatt Papier … alles ist noch unklar – das Thema, der Anfang, der Schluss. Alles kommt noch, alles wird sich aufbauen und schwarz auf dieses Blatt legen. Bis jetzt sind es nur Gedanken – etwas chaotische, nicht ausgereifte. Du zweifelst, du überlegst, wie du dich besser, genauer ausdrücken könntest, du versuchst dies und das …

Nein – falsch, passt nicht.

Dann ‚blitzt' es in deinem Kopf. Der richtige Satz – da ist er! Und schon reihen sich die Wörter wunderbar aneinander und alles davor Geschriebene wird ausradiert – alle Versuche, alle Varianten – ohne Zögern und Erbarmen.

Nur die neu formulierten Sätze bleiben stehen, manchmal ist es nur einer zwischen gestrichenen, geänderten und wieder gestrichenen, nur ein einziger Satz auf der ganzen Seite.

Ein weißes Blatt Papier, ein schneeweißes, am besten unliniertes Blatt. Ich mag es. Ich habe es schon immer gemocht, in jeder Form – als Schulheft, als kleines Notizbuch, als Briefbogen. Vielleicht ist das der Grundstein für meine Neigung zum Schreiben gewesen? Der Anstoß?

Es ist faszinierend, wie man ein einfaches, farbloses, unbedeutendes Stück Papier zum Atmen bringen kann.

Ein weißes Blatt Papier ... Nun ist es nicht mehr unberührt weiß. Bedeckt mit schwarzen Schriftzeichen, hat sich das einst ausdruckslose Blatt auf wundersame Weise verändert. Freude und Trauer, Sehnsucht und Liebe, Schmerz und Hoffnung wurden diesem Papier eingedrückt, haben ihm magische Kraft verliehen.

Es war mal ein weißes, einfaches, nichtssagendes Blatt Papier. Jetzt ist es ein kleines, lebendiges Stückchen meiner Seele.

1996

Warum?

Ich betrachte den kleinen Planeten, der in der Schwerelosigkeit vor mir schwebt. Fast perfekt rund, sieht er aus wie eine schöne blaue Kugel. Er strahlt Frieden, Ruhe und Glück aus. Er ist vollkommen – auf den ersten Blick.

Ich könnte damit spielen, ihn wie einen Ball hin und her hüpfen lassen. Ich könnte ihn wie einen Stein in die Weite des Alls schleudern, könnte ihn auch vernichten. Aber ich tue es nicht. Ich ziehe ihn näher heran und sehe ihn mir genauer an.

Viele Lebewesen bevölkern den blauen Planeten – die Erde. Es ist ein Wunder, wie Leben entsteht, wie es reift, wie es einzigartig wird, ein Wunder, das bewahrt und beschützt werden sollte. Leider ist der kleine Planet voller Waffen. Die Wesen, die sich Menschen nennen, führen Kriege gegeneinander, zerstören das Wunder – achtlos, rücksichtslos, ohne Erbarmen. Feuer breitet sich an vielen Stellen aus und hinterlässt Tod und Verwesung. Ich könnte das Feuer löschen, den Menschen die Waffen wegnehmen, ihnen Frieden geben – wenn ich Gott wäre. Aber ich bin nicht Gott.

Ich sehe Wesen, die rauben und betrügen, die in der Nacht umherschleichen, morden und vergewaltigen, Hilflose misshandeln und missbrauchen. Wie ich den Planeten auch drehe – sie sind überall, auf jedem Erdteil, in jedem Land, in jeder Stadt. Ich könnte sie einzeln auflesen, sie wie Unkraut jäten und herausziehen, sie von der Erde entfernen ... wenn ich Gott wäre. Aber ich bin nicht Gott.

Ein Kontinent zieht meine volle Aufmerksamkeit an sich. Es ist Afrika – Afrika in den Zeiten der Not. Die Sonne, die sonst für Leben und Wärme sorgt, hat hier den Boden ausgetrocknet, ihn unfruchtbar gemacht. Ich sehe ein Dorf, in dem sich nichts mehr bewegt, in dem ungute Stille eingetreten ist. Hunger und Krankheiten breiten sich dort aus, nehmen immer mehr Platz ein, bringen den Menschen den Tod. Ich könnte ihn stoppen, die sterbenden Kinder retten. Ich könnte aus anderen Regionen der Erde, in denen Wohlstand und Reichtum im Überfluss herrschen, Nahrung und Wasser bereitstellen. Wenn ich Gott wäre.

Aber ich bin nicht Gott! Ich bin ein Mensch.

Ich habe die Macht, den Krieg zu beenden, die Waffen niederlegen zu lassen und sie zu vernichten.

Aber ich tue es nicht!

Ich habe den Verstand, meinem Nächsten, meinen Mitmenschen Liebe und Achtung entgegenzubringen.

Aber ich tue es nicht!

Ich habe die Mittel, dem Hunger in Afrika zu wehren, die Kranken zu heilen, den Menschen wieder Freude an der Sonne und dem blauen Himmel zu geben.

Aber ich tue es nicht!

Ich bin ein Mensch.

Ich kann alles. Aber ich tue es nicht.

WARUM?

Die Geschichte erzählt von einem kleinen Mädchen ... Es ist jung, sehr jung und unerfahren, vermag in einer besonderen Glühbirne noch etwas zu entdecken, das uns Erwachsenen verborgen bleibt. Ein Märchen? Eine fantasievolle Kindergeschichte? Weit gefehlt! Denn hinter den Zeilen des Buches verbirgt sich Unaussprechliches. Mit Hilfe einer dunklen Gestalt versucht das Kind, Geschehenes zu verarbeiten. Wird es gelingen? Der geneigte Leser mag das Geheimnis der kleinen Lisa selbst ergründen und ihr Schicksal herausfinden. Wer ist dieser finstere Mann? Was ist dem Mädchen geschehen? Wird die Wahrheit ans Tageslicht kommen? Eine berührende, zu Herzen gehende Novelle.

Rosa Ananitschev (geb. Schütz) erblickte das Licht der Welt 1954 in einem deutschen Dorf in Westsibirien (Gebiet Omsk). Ende 1992 kam sie mit ihrer Familie nach Deutschland und lebt seither in Hemer im Sauerland. In Russland hatte sie den Beruf Bibliothekarin erlernt und viele Jahre ausgeübt, auch in Deutschland arbeitet sie als Assistentin in einer Stadtbücherei. Die Autorin ist Mutter von zwei Söhnen und Großmutter von zwei Enkelkindern. Sie lebt seit 1997 in gleichgeschlechtlicher Lebenspartnerschaft.

Seit Dezember 2010 veröffentlicht Rosa Ananitschev Kurzgeschichten und Autobiografisches in digitaler Form. Sie beteiligte sich auch in Anthologien „Meine erste Geschichte“ und „Katzenland“ des mysteria Verlages. Im April 2014 veröffentlichte sie im Sarturia®-Verlag ihre Novelle „Andersrum“, die sich mit dem Thema Kindesmissbrauch auseinandersetzt. Zum Band 6 der Reihe „Märchen unterm Regenbogen“ steuerte sie das Märchen „Ich kann ja fliegen!“ bei.

2015 war sie bereits in drei Anthologien (Reihe „Jedes Wort ein Atemzug“) des Karina-Verlages mit ihren Kurzgeschichten dabei.

In den autobiografischen Texten setzt sich die Autorin intensiv mit ihrer Kindheit und Vergangenheit auseinander. Wie sie selbst sagt, helfe ihr dies ungemein, die Menschen, die Welt und vor allem sich selbst besser zu verstehen.

Karina Publishing
Vienna